河北省教育科学研究“十三五”规划重点资助课题“自教育理论建构与学校育人模式创新研究”（课题编号：2002016）研究成果

贺宇良“自教育”文集

贺宇良 著

河北大学出版社
·保定·

HE YULIANG ZIJIAOYU WENJI
贺宇良"自教育"文集

出 版 人：朱文富
责任编辑：王红梅
装帧设计：张彦琪
责任校对：蔡文涛
责任印制：常 凯

图书在版编目(CIP)数据

贺宇良"自教育"文集 / 贺宇良著. -- 保定 : 河北大学出版社, 2022.2
ISBN 978-7-5666-2019-4

Ⅰ. ①贺… Ⅱ. ①贺… Ⅲ. ①教育-文集 Ⅳ. ①G4-53

中国版本图书馆CIP数据核字(2022)第023964号

出版发行：河北大学出版社
地址：河北省保定市七一东路2666号 邮编：071000
电话：0312-5073019 0312-5073029
邮箱：hbdxcbs818@163.com 网址：www.hbdxcbs.com
经 销：全国新华书店
印 刷：保定市北方胶印有限公司
幅面尺寸：170 mm × 240 mm
印 张：14.75
字 数：220千字
版 次：2022年2月第1版
印 次：2022年2月第1次印刷
书 号：ISBN 978-7-5666-2019-4
定 价：60.00元

如发现印装质量问题，影响阅读，请与本社联系。
电话：0312-5073023

序　一

精研"自教育"理论　促进新时代师生成长

"人生天地间，各自有禀赋。为一大事来，做一大事去。"这是人民教育家陶行知先生的名言，我将此奉为圭臬，贺宇良更是将它刻在了办公室的墙面上。教育，是我们的人生大事，陶先生，是我们的人生楷模。

我们正处在一个伟大的变革时代，传统的和现代的、中国的和外国的，各种思想和文化相互激荡。如何在融合古今中外教育思想的基础上综合创新，走出一条民族的、科学的、大众的，面向现代化、面向世界、面向未来的具有中国特色的社会主义教育之路，这是一个历史性课题。面对这个课题，广大教育工作者都在思考和探索，贺宇良也是千千万万个思考和探索者中的一员。他在教育实践和研究中，直击教育难点、痛点、堵点，在解放思想、实事求是中，锤炼实德实才，逐步形成了比较完整的自教育理论，并在办学实践中取得了成效。这部《贺宇良"自教育"文集》就是他在自教育领域的行思录。

2018年，贺宇良入选教育部第二期中小学名校长领航工程，在人大附中联合学校总校培养基地三年的学习期间，他结合自己办学实践中的问题，潜心研究先进教育教学理念，在理论联系实际中，梳理和提升自教育的办学思想。可以说，自教育是在实践与理论的不断往返中逐渐完善的，事理融通，解行并举，很有理论价值和实践意义。

自教育是对教育规律的尊重，是对学生身心发展规律的尊重。它改变了教育当中的包办和替代行为，在必要点拨和引导的同时，把学习和成长的事情交由学生自己去选择、去体验、去感知。这种以自主的方式培养自主、用自由的环境保护自由、在自治的生活里走向自治的自教育，既是一种新的教育理念，也是一种新的教育方法。自教育培养的将是适应时代发展的、有竞争力的、具备良好综合素质和个性的人。

自教育不仅落实在培养学生上，也体现在教师队伍建设中。如果将学校比作一个乐团，校长就是乐团的指挥，教职员工就是拉提琴、吹长号、打架子鼓的乐手。只有激活每一个细胞，才能形成智慧与力量的合力。只有调动每一位教职员工的积极性、主动性、创造性，才能带动学校持续发展。贺宇良积极为一线教师提供进修机会和成为名师名家的平台，带领全体教师构建了“自成长链”和“他成长链”，让教师成长更加系统和立体。

作为经验丰富的校长，贺宇良帮助教师树立问题意识，找准影响自身发展的核心问题；树立研究意识，激发教师内部研修动机；树立方法意识，用科学的方法研究、分析问题；树立创新意识，形成百虑而一致、殊途而同归的生动活泼的局面；树立合作意识，在和谐舒畅的环境中彼此依靠、共同成长。正是在这样的领跑下，保定市美术中学、北京市八一学校保定分校的教师自觉、自信、自强，奔跑在成为名师名家的道路上，并通过言传身教影响和感化学生，与学生形成了互相借力的学习共同体、成长共同体。

“为一大事来，做一大事去。”内因淳厚，外缘丰满，新时代是教育工作者大有作为的黄金时代。期待贺宇良校长坚持用教育家的精神砥砺自己，不忘初心，牢记使命，以梦为马，不负韶华，为中国特色社会主义教育事业不断做出新的更大贡献。

刘彭芝

中央文史研究馆馆员、国家教育咨询委员会委员、创新人才教育研究会会长、人大附中和人大附中联合总校名誉校长

2022 年 2 月

序　　二

争做新时代教育变革的引领者

近年来，国家一直呼吁教育家办学，倡导形成教育家办学的格局。为了贯彻落实国家“提倡教育家办学”“培养造就一批教育家”的要求，教育部开办了“全国优秀中学校长高级研究班”。贺宇良校长便是高级研究班的第七期学员，而我有幸成为他学习期间的理论导师，见证了他的自教育思想从实践到理论的不断变化，见证了他由一篇篇文章、一段段学习成长累积的自教育发展历程。

贺宇良校长在培训学习期间，通过与来自全国各地的优秀中学校长进行办学经验的分享、办学理念的碰撞，对自教育的认识不断走向深入。他坚持“立志，立行，立言”，坚持理论与实践的结合，不断学习先进的教育理论，深度融合保定市美术中学的成功实践，凝练了自教育思想。在学习期间，贺宇良校长与北京市八一学校沈军校长相互启发，促成了保定市政府、保定市美术中学和北京市八一学校的合作，创办了北京市八一学校保定分校，勇担京津冀教育协同发展的先行者。贺宇良校长不断推动教育变革，争做新时代教育变革的引领者，作为保定市脱贫县高中贺宇良校长工作室和河北省省级名校长工作室贺宇良校长工作室以及教育部名校长领航班贺宇良校长工作室主持人，起到了很好的示范辐射作用。

贺宇良校长此前出版的《自教育理论与实践》一书详尽地道出了自教育思想产生的背景和相关理论思考。《贺宇良“自教育”文集》可以说延续了他对自教育思想的探索。本书的每篇文章各自独立，既有理论思考又有实践展示，但其内部贯穿着一个非常清晰的逻辑框架。贺宇良校长善于剖析教育教学管理中的问题，善于“博采众家之长”而又创造性地提出解决方案。书中《推动“五项管理”落地的“美中”方案》《思想的力量：未来学校变革中的“自教育”》《保定市美术中学新生入学教育的实践探索》等文章充分体现了他基于理论思考和实践变革，不断总结、反思、升华的思考路线和作为新时代校长的专业素养。

对于自教育思想，结合我在保定市美术中学的所见所闻，可以用“有基础、有特色、有思路”三个关键词来概括。第一是“有基础”。自教育思想的提出不仅有文献的基础、理论思考的基础，更重要的是有实践的基础。美术中学在教师和学生的自主学习、自我管理等方面有了很好的基础，这是自教育思想能够在美中成功落地的重要保障。第二是“有特色”。有特色不仅体现为美术特色办学，更体现在自教育概念本身，这是一个非常有创意、非常有特色的思想体系。第三是“有思路”。自教育思想的提出，有理论的概括，有现实的思考，更有实践的构建，对未来如何实施有清晰的思路。总体而言，自教育思想是贺宇良校长内化于心的教育理念与价值追求，也为我们形塑了一种全新的教育生活，是美中对教育理论与教育实践的有益探索。

当前我国正处在全面深化改革的关键时期，教育领域也面临着深刻变革。作为工作在基础教育改革一线的校长，贺宇良校长可以说是与时俱进、映照新时代教育变革的典型代表。本书所展示的自教育在保定市美术中学和北京市八一学校保定分校的成功典型，可以为在教育变革道路上跋涉的教育同人提供可借鉴的经验，为教育理论研究提供新的视角。

代蕊华
教育部中学校长培训中心主任、华东师范大学教授
2022 年 2 月

目　　录

细微处变革教育　活动中成长师生

——《中国教育路在何方》读后心得

好的书籍往往会引发一场思想领域的变革，近日，用心品读了顾明远先生的《中国教育路在何方：顾明远教育漫谈》一书，笔者认为这本书便是引领教育思想领域变革的一本好书，读完感受颇深。该书开篇即问“中国的教育怎么啦”，继而从宏观层面提出“中国教育路在何方”这一振聋发聩的问题。中国教育路在何方？这不仅是“顾明远之问”，更是我们这个时代的“教育之问”，正是这样的发问，指引我们每一个教育工作者和所有关心教育的人去深思并探索教育改革之路。

全书分为上编和下编两部分，上编顾明远先生基于自己的教育实践和教育研究对教育领域存在的一系列问题进行了系统的思考和深入的剖析，并针对这些教育问题给出了提纲挈领式的回答。下编收录了顾明远先生的一些文章，这些文章涉及了对教育本质、教育悖论、教育改革、核心素养等教育问题的思考，观点鲜明，批判性强，读完深受启发。

一、对教育问题的剖析

顾明远先生首先肯定了新中国成立以来我国教育取得的举世瞩目的成绩，然后列举了当前我国教育存在的一些重大问题，主要有：长期以来缺乏对教育本质的认识；人才观、质量观、学生观存在误区；轻视职业教育的制度设计；学校发展不均衡；缺少正确的评价制度；传统陈旧落后的人才培养模式等。

针对当前教育中出现的种种问题，顾明远先生深刻分析了出现这些教育问题的原因，提出教育问题出现的最主要的根源在于社会分配不公、就业困难、贫富差距过大、城乡二元结构尚存。此外还提出其他一些病源：“学而优则仕”、重学术轻技术等传统思想的影响；攀比文化盛行；社会用人制度唯学历主义；不合理的评价考试制度；地方政府片面追求升学率；社会诚信缺失；教育培训机构与教辅材料的推波助澜；教育社会生态环境不利于教育改革等。除以上这些外在影响因素以外，他还指出了教育本身存在的问题：屈从于社会的各种压力，教育被扭曲和异化，越来越成为培养没有自我人格的、整齐划一的考试机器。

顾明远先生在书中强调教育的规律，就是遵循每一个孩子的身心发展规律，根据每个孩子的特点、特长、兴趣、天赋、地域（农村或城市、沿海或内地）、生活环境的不同，因材施教，因地制宜，从而让每一个孩子得到自由发展。如果只是按照“听话”、成绩好这样的标准来区分学生的好坏，那么大部分“不听话”、有创新精神的学生就会被视为差生。这样一来，就没有了所谓的天才，有的只是不同领域的多样化人才。因此，要想培养学生的创新精神，在课程的设置上要给予地方课程和校本课程更多的开发空间，因为统一的培养目标难以培养出有个性的人才。而要想培养有个性的人才，就需要把学习的主动权和学习的选择权真正交还到学生手中。教师的更多教育功能在于启发、引导、合作、参与、评价、反思、总结的助推作用。

二、对教育本质的认识

要想科学有效地解决教育问题，首先必须正确认识教育的本质。过去人们总是用工具理论来解释教育，把教育作为阶级斗争、政治斗争、经济增长的工具。教育确实有它的社会功能和经济功能，这是毋庸置疑的，但是教育还有没有其他的功能呢？随着社会的进步与发展，面对全球新的挑战，人们开始重新思考什么是知识、什么是学习、什么是教育。联合国教科文组织发布了《反思教育：向“全球共同利益”的理念转变?》，该报告提出教育和学习要超越功利主义和经济主义，以人文主义为基础，尊重生命和人类尊严，将人类生存的多个方面融合起来。同时该报告强调教育是全球的共同利益，提倡全方位的终身学习方式。顾明远先生认为该报告体现了对教育本质的深刻认识，并指出“教育离不开政治和经济，并要为它们服务，但教育更是人的权利，同时只有个体得到发展，才能为政治经济服务”。

全球化使得世界发生了翻天覆地的变化，我们正面临着世界经济和政治格局的深刻变革以及一系列全球新挑战，如人口膨胀、资源短缺、环境退化、社会不公平加剧、低就业增长等，基于这样的国际背景，我们不得不重新思考教育的目的和本质。当今世界变革的总方向是可持续发展，可持续发展教育势在必行。教育要立足于世界，培养可持续发展的未来的人，这就要求我们学校改革人才培养模式，把培养学生可持续学习能力作为重要目标。同时要回归教育的初心，放手让学生自由发展、自由成长，不需要过多的干预和雕琢，只需要给他们提供一个适合的学习环境和适宜的学习条件，相信他们定会绽放出娇艳的花朵，结出饱满硕大的果实。

每一个孩子都是一粒种子，这粒种子种在什么样的土壤中、由什么样的人来施肥浇灌，才能让这粒种子抽出有无限生机和潜力的嫩芽，进而结出饱满硕大的果实？当然，每一粒种子的生长态势、生长周期和结果呈现都不尽相同。我们又如何让他自由地发展？我们教师带着这些问题进入我们的学校教育，就会获得真正的职业存在感，而看到孩子们一天天地个性化成长，就是一种幸福的教育。

三、对教育改革的指导

（一）正确推行素质教育

素质教育是针对“应试教育”而提出的，主要是为了改变中小学片面追求升学率这一现象。素质教育在我国已经推行多年，虽然遇到了各种阻力，受到社会上的各种诟病，但也取得了令人瞩目的成效。顾明远先生为素质教育正名，并提出了素质教育的十大原则，首先明确素质教育的内涵是“全面贯彻党的教育方针，以提高国民素质为根本宗旨，以培养学生的社会责任感、创新精神和实践能力为重点，造就具有国际视野、德智体美全面发展的社会主义国民”。他认为素质教育要“使每一个学生都具有：健全的体魄；高尚的思想品德；强烈的学习愿望和较高的文化科学素养；较高的审美能力和高尚的情操；

开朗的心态、丰富的生活、幸福的童年”。同时他还列举了我国素质教育取得的一些进展：素质教育观念深入人心，各地积极探索素质教育新举措；减轻学生课业负担；广大教师实施素质教育的积极性以及他们的能力和水平有了较大的提高；基础教育新课程改革在全国普遍推行；改革招生考试制度等。

从素质教育的发展来看，基础教育领域素质教育开展的效果比较好，高中阶段仍旧以提高学生学习成绩和升学率为重点，当然与当前社会的压力、就业的压力、家长的压力密切相关，但素质教育不应该只是基础教育的重要任务，各级各类教育都要加强素质教育，将素质教育贯穿到幼儿教育、中小学教育、职业教育、成人教育、高等教育各个阶段。这就要求我们转变教育观念，树立正确的教育观、人才观、学生观和质量观。

作为保定市美术中学（以下简称“美中”）的校长，我一直在积极探索如何让素质教育的培养观念在我校真正落地。我校既是民办性质又是美术特色中学，与公立学校相比，民办性质的特点使我校拥有了更多的发展自主权；与普通学校的育人模式相比，我校又是以培养美术特长生为特色，故而在办学目标和育人模式上更是与其他学校不同。基于21年的办学经验，基于当下的社会人才发展的需要，我校逐步确立了“自教育”的教育思想。自教育是美中人站在21年的基础上萃取出的教育思想，是美中人对教育的独特理解和表达。所谓自教育，就是指作为主体的人自己对自己进行的教育，即自己把自己一分为二，既当教育的主体，又当教育的对象，按照社会的要求和自身发展的需要，发挥主体自我的能动性。不断矫正，以缩短主体自我与客体自我之间的距离，从而有意识地影响自己身心发展的活动。自教育是人的自我意识高度发展的体现，是自我完善、自我发展的一种教育活动，是现代人发展的重要特征，也是其他一切教育的基础。说到底，一切教育都是自教育，一切学习都是自学。自教育吸收了自我教育强调个体的主观能动性，“教是为了不需要教”和“真正的教育是自我教育”等重要思想观点，但又不完全等同于自我教育。自我教育往往被视为德育的一种方法，或是教育的一种途径手段，而自教育不仅是一种教育的途径和方法，而且是一种自己对自己实行的教育活动，是教育过程中

“个人同他自己的关系的根本转变”。在自教育思想指导下，我校以学校、教师和学生作为自教育的三类主体，以自由、规则、守一作为自教育的三项原则，并以人的终身发展和完整成长为终极育人目标。自教育重点培养学生的六大核心素养：选择力、审美力、表达力、合作力、创新力和领导力。这六大核心素养与顾先生提出的素质教育的目的有不谋而合的相通之处。学校引导学生实现自主管理，自主发展，自主成长。相信学生，解放学生，发展学生，让学生成为自己的主人。学生自主开发了“主题发展”课程，如入学教育课程、校园景观设计课程、班级自主管理课程、书吧经营课程、自主反思课程、选择性活动课程等，在开发这些课程的过程中学生们将自教育融入其中，提高了自主性和能动性，学生的六大核心素养也得以提升。

（二）改革人才培养模式

顾明远先生在该书中提出了九点改革人才培养模式的策略：树立正确的人才观；没有爱就没有教育；没有兴趣就没有学习；以学生为本，把学生放在教育的主体地位；把学习选择权还给学生；改善教学方法；充分合理地运用信息技术；让学生在活动中成长；减轻学生的课业负担。

笔者认为，改革人才培养模式的抓手首先在课堂，课堂的精神生态体现着教育改革的标准和方向。保定市美术中学的课堂改革已经走过了15年的风雨兼程，在此，我想着重谈一谈我校的自本课堂模式。对于我们美术中学的学生来说，学习文化课的难度往往比专业课更大，他们文化课入学成绩普遍较低，部分学生学习的内驱动力不足，缺乏学习兴趣，但是他们思维活跃，对美有独特的感受，个性张扬，勇于挑战，专业课上的优势很明显，这样就导致文化课和专业课发展悬殊，总体失衡。面对这样一群学生，传统课堂的教学模式弊端更加凸显，于是我校在自教育思想的指引下，积极汲取国内外先进的教育教学理念，结合我校学生的实际情况，改革以往的“一言堂”的课堂教学模式，逐步形成了别具一格的自本课堂模式。自本课堂以每一个学生为本，师生共同作为学习者，教中有学，学中有教。从关注三维目标到核心素养落地，在重视知识技能的基础上对非知识技能如社会担当、团队合作、情感表达、责任信念等进行挖掘。在自本课堂中，教师绝不去做越俎代庖的事情，而是充分发挥学生的主体作用，将先导性学习引入课堂，学生自主设计导学案，教师只是在如何突破重点难点方面给予参考性指导；课堂上学生助教适时追问，引导学生深入思考；小老师（小组长）主持课堂，并组织同学自主学习；学科小专家适时点拨，对学习情况及时评价。每节课都由学生上台展示，展示形式不拘一格，说、演、唱、画等多种形式优势互补，既锻炼了他们的思维能力和表达能力，又提升了学生的自信力、合作力和领导力。让学生们想说、敢说、会说、乐说，而且每节课至少让每位学生板书三次，培养他们工整书写、规范答题的习惯。同时自本课堂还创立了独特的听说读写讲评议的标准，促使学生们养成良好的学习习惯。自本课堂模式，充分发挥了美术生的优势，他们大胆发问，敢于质疑，在充满掌声、笑声、质疑声的自由课堂中自主成长，在师生互动、温馨和谐的氛围中逐渐培养起对学习的兴趣。当然，人才培养不是一朝一夕可以见成效的，自本课堂只能说是我校在践行改革人才培养模式道路上的一个脚印，我校会继续探索和改革，寻找发现更好的可促进学生发展的课堂生态，为学生的成长提供一方广阔的天地。

（三）重视教师的专业发展

“教育大计，教师为本”，顾明远先生从我国师范教育制度的变革历史中深刻分析了师范教育改革的得与失，同时他针对教师专业化的问题，提出了教师专业需要达到的要求，并提出为了保证教师质量，要严格实行国家教师资格考试和证书注册制度。针对教师的成长和发展，顾明远先生重点强调了师德——教师之魂、教书育人在细微处以及终身学习的观念。

教师是学校教育的关键，教师队伍建设一直以来都是学校工作的重中之重。相比于有编制的公办学校教师，民办学校教师大多缺乏归属感，对退休后的生活保障充满担心。面对教师们的这种顾虑，我校在建校之初就确立了“人力资源是学校的第一资源”的管理理念，不遗余力地促进教师的成长，提升教师的职业尊严感和职业幸福感。学校将教师作为办学的主体，提出以教师成长为中心的发展战略，充分发挥教师的主动性、自觉性和创造性。我校教师自觉行走在成为“名师、课改专家、教育家”的路上，主动思考自己的成长方式、创新路径，总结出了“自定标准、自查互查、自评互评、自主承诺、自定奖惩”的自主成长二十字方针，提出了“目标激励、活动带动、学习培训、评价激励”的自主成长四大策略。同时学校还构建了教师他成长链（日反思会、周成长课、月成长汇、学期成长节）和教师自成长链（自育、他育、博育），使教师成长更加系统和立体。

此外，学校坚持“引进来”和“走出去”，定期邀请不同研究领域的教育专家来校指导，在对教师专业发展的培训中，学校向来是倾尽全力的。学校在假期设立了暑期成长营和寒假成长营，邀请国内的通识教育和专业教育领域的理论与实战的大咖级人物，来校为广大教师把脉护航。除了假期的集中培训之外，学校每月都会邀请专家来我校定期指导教育教学工作，专家们深入课堂与管理的一线，与教师共谋师生成长之道。同时我校向来都积极争取各种教师外出培训、参观、考察的机会，为全面提升教师的专业素养保驾护航。

最后在结语中，顾明远先生指出“教育发展的出路在于改革，而改革需要全社会的支持”。他引用老子《道德经》中的“不言之教”来阐明自己的教育观点，并重申自己的教育信条：没有爱就没有教育，没有兴趣就没有学习，教书育人在细微处，学生成长在活动中。我想这就是顾明远先生对“中国教育路在何方”最好的回答，也是对我们教育工作者最好的指引和启发。

（原载中国教育干部网络学院网站，2018 年 3 月）

在“自教育”中自由呼吸

保定市美术中学（以下简称“美中”）走过20年的时候，我们确立了学校的核心教育思想——“自教育”思想。自教育是在长期的办学实践中自然生长出的一种朴素的教育经验，也是美中办学历史中弥足珍贵的一笔思想财富，蕴含了求学者和施教者的共同意愿。

作为办学人，我一直认为，一所面向百年、指向伟大的学校不能只有规模和大楼，关键要有核心思想的支撑。所以，结合学校教师团队的实践与思考萃取出了一个共识性的教育思想——自教育。自教育是一种由内到外的心灵觉醒与自我革命。自教育要去除教育当中的包办和替代行为，把学习和成长的事情交由学生自己去选择、去体验、去感知，从而造就适应时代发展的、有竞争力的、具有良好综合素质和个性的人。

教育专家潘光旦指出，人的教育是“自由的教育”，以“自我”为对象。自由的教育不是“受”的，也不应当有人“施”。自由的教育是“自求”的，自求者必能自得。所以，自教育是以我为轴心不断拓展发展区的教育。自教育的核心体现在“自”上，“自己”是改变之本，自觉方能觉他，自立方能立人，正所谓“本立而道生”。

自教育既是价值观，也是方法论，指导着美中教育的实践。自教育有一套系统的思想体系，涵盖管理、课程、课堂、文化等方方面面，其核心主张可以概括为以下十点：1. 让学习发生在学生身上，让成长在体验中自然发生。2. 展示即学习，展示即成长，展示即探究，展示即反馈。3. 自觉觉他，自立立人。4. 每一个人都是向善向好的，教育就是让学生成为不断向善向好的自己。

5. 学习是一个私人事件，但学习要在共同体的环境中，学习需要组织和群体的支持。6. 没有人能教会另一个人，除非他愿意学。7. 相信学生是最大的师德。8. 教育需要从关注集体的人、概念的人、模糊的人，回到关注个体的人、具体的人、真实的人。9. 以自主的方式培养自主，用自由的环境保护自由，在自治的生活里走向自治。10. 课堂是自教育的主阵地，自教育崇尚的好课堂是：好课堂里出故事，好课堂里出素养，好课堂里出精神，好课堂里出公民。

自教育重点培养学生的六大核心素养。1. 选择力。即有判断力，会选择，有主见，自己的事情自己做主，在发现不同当中提升多元思维的能力。2. 审美力。是一种情感判断的能力，主要是指人们对自然美、社会美以及艺术美的鉴别、欣赏和创造的能力。审美力的提出源于保定市美术中学的美术特色，依托这一品牌优势，逐步培养学生的审美能力。审美力是慢慢形成的，需要潜移默化地熏陶。3. 表达力。表达力是用外部的行为（语言、神态、身段等）把思想表达出来的能力，是学生在未来生活中最需要的能力之一。4. 合作力。这是未来人才必须具备的一项核心素养，自教育从来不拒绝集体，不拒绝合作，相反，自教育本身就包含着与人的合作。5. 创新力。创造力是知识、智力、能力及优良的个性品质等多因素综合优化构成的。创造力是指产生新思想、发现和创造新事物的能力。它是成功地完成某种创造性活动所必需的心理品质。6. 领导力。首先是自我管理和领导的能力，然后是管理和领导别人的能力。

有人说，自教育就像是美中的灯塔，将远方拉得更近，将理想照进现实。是的，自教育是美中人对教育的独特理解和表达，是百年美中的一座灯塔。

一、课堂从“生本”走向“自本”

美术中学的学生文化课成绩不理想是普遍现象，那么，成绩上不去的症结到底在哪里？我曾经也为此深深地思索，厌学似乎并不只是美术中学学生所独有的。

传统课堂“重知识轻能力”导致高分低能，“重灌输轻探究”导致浅尝辄止，“重教材轻学生”导致兴趣丧失，“重教法轻学法”导致南辕北辙，“重结果轻过程”导致舍本逐末。面对饱受诟病的传统课堂，我们结合美术生学情，将目光聚焦在课堂，从传统课堂教学模式开始改革，寻求教育创新的突破口。课堂不应该是老师一个人的独角戏，学生是有思想的生命体，在课堂中要有一席之地。

源于这一想法，在全国轰轰烈烈的课改大背景下，我没有丝毫犹豫，以课堂为主阵地，潜心研究美术生的成长规律，倾心打造适合美术特长生发展的自本课堂。于是，学校开始了“走出去、请进来”的系统培训。将课堂教学改革做到深处，关注每一节课就是成就每一个老师，更是发展每一名学生。

践行自本课堂理念，我们做了大量的学情调查。调查结果显示，美术中学的学生具有如下优势：对美都有自己的认识和追求；有考入八大美术学院的愿望和成为画家、设计大师的梦想；感性思维灵活，个性张扬，敢于展示自我，精力调整迅速，能迅速投入学习；自信，对自己的目标执着，文化课成绩提升空间大。

劣势体现在：智商不低，但情商不稳；文化成绩较低，底子薄、问题多、文化学习兴趣淡；知识储备不够，影响分析问题、解决问题的能力；思维灵活，但深度不够，积累欠扎实；他们大部分苦学的内驱动力差，依赖性强；听课心不在焉，精力分散流失，课堂效率低下；承受着专业、文化双重压力，凭兴趣单一学习，文化、专业发展有差距。

于是，我们将自本课堂的核心理念定位于让学生各美其美，倡导在对话中学习，让学生自主建构对世界的认知。著名教育家叶澜教授指出：“要从生命的高度、用生态生成的观点看课堂教学。课堂教学应该被看作是师生人生中一段重要的生命经历，是他们生命的、有意义的构成部分，要把个体精神生命发展的主动权还给学生。”这正是自本课堂的追求。

目前，美中的课改正在实现跨界融合，建构了“自本课堂”模型，自本课堂已经成为一个适合学生学习成长的“特区”。

走向自本课堂使美中课改实现了再一次升级换代。最初我们践行的是生本课堂理念，如今，从生本课堂走向自本课堂，应该说是课堂的一次新的革命。

生本课堂中的“生”，指的是班级学生这个群体，即以群体学生为本，以假想化、符号化抽象学生为本，仍然对每一个学情不同、性格各异的鲜活个体关注不够。自本课堂中的“自”，指的是每一个学生，即以每一个学生为本，重心更加下移。从以教为中心、以学为中心转变为教中有学、学中有教的教学关系。自本课堂有效突显了师生共同作为学习者的特征，进入“课堂学习的新样态”，可见从生本课堂走向自本课堂是课堂的又一次革命。

重塑教学形态、重建学习方式、重构课程和学习内容、重组学习社区、重述目标及学程是自本课堂新样态。具体体现为：从关注三维目标到核心素养落地，学习方式、学习目标从整齐划一到以生为本的个性化选择；课堂定位从知识、能力立意走向思维、智慧立意，从仅改变思维提升到让思维生长；课堂上关注学科知识的双层意义，尤其是关注知识的文化意义；从传统课堂走向课堂自由组合结构模块，借助设计思维重组课堂组织方式，课堂模式要更加关注学科思想、学科品质这一本质属性。

自本课堂的创新点体现在如下几点。一是学习目标的制定。在原三维目标落实基础上再关注学科核心知识结构，关注师生课堂创生知识；在重视认识技能基础上对非认识技能如社会情绪、团队合作、可迁移技能等进行挖掘、掌握。二是学习内容的优化。致力于用具有挑战性的真实任务情境呈现学习内容和任务，将“去情境”的符号形式在一定程度上还原为知识发生、发展的现场，避免过于简化和形式化。三是学习方式的选择。积极探索项目学习、跨学科主题整合、真实情境的实践活动等课堂模式。四是学习方法的支持。自本课程是基于个体学程学习，是基于标准确定目标的自主学习，是基于每一位学生的学习路径，不断给学生的学习提供工具、模型和脚手架。

二、课堂成为学生的“成长特区”

宋艺是已经考入清华大学美术学院的美中毕业生。进入美中后，宋艺被生命课堂的理念深深吸引，被学校充分放手学生的管理所折服。学习中和谐、对话式的师生关系，生活中相互的沟通、交流，不仅丰富了她的精神世界，而且挖掘出其更深层的生命潜能。宋艺说：“在美中六年的自主学习中，我不仅收获了知识，更收获了管理自己的能力，让我更加自觉地行走在成为画家、设计大师的路上。”

对于宋艺来说，学习从来不是一件枯燥乏味的事情，美中生命课堂的模式，使教学成为流动的音乐盛宴，在这里，学生思想被陶冶、被升华，生命被点化、被滋润。

在课堂上，宋艺不仅认真听课、善于总结，并且在此种模式的培养下，自己成为课堂的主人，自己当上了小老师，讲授问题完整准确、条理清晰。宋艺说：“在生命课堂上，同学们将紧张局促变作自由展示，自信张扬；将压抑沉闷变作言笑晏晏，书声琅琅。”她一次次上讲台展示，解答同学疑惑，倾听着老师们的难点点拨，不仅提升了自信，也提高了成绩。

在美中，像宋艺这样的学生有许多。自本课堂把一名教师台上主讲、全班同学听讲的传统课堂变成多名学生担当小主持人，全班学生分成六个小组，在小组竞争中提升知识能力的课堂；是将紧张局促的教学环境变成自由展示、将教师“独角戏”变成师生互动、将生硬灌输变成主动探究的教育模式。

自本课堂中，每节课都由学生上台展示，培养学生落落大方的气质；每节课至少板书三次，培养学生工整书写、规范答题的习惯；聚焦点拨时，必须在三秒钟内迅速到达黑板前，使学生形成快速反应与主动应答的意识。同学们想说、敢说、会说、乐说。他们大胆发问，他们敢于质疑；他们在充满掌声、笑声、质疑声的课堂上自由呼吸，快乐学习；他们在师生互动、温馨和谐的氛围中感受幸福，在听说读写讲评议中锻造成长。

教师打破传统课堂模式，课堂成为知识的盛宴，教师由传授者变为生命智慧的开发者。教室变成激情四射的学堂，知识传授型变为知识、能力、情感三维交互型。教师鼓励发散思维甚至逆向思维，培养创新能力，单一成绩检测转为多元评价反馈。死记硬背变为参与、体验、感悟。说、演、唱、画、作，优势交互，衍生激情，展示不拘一格。

如今，学生的学习兴趣、学习能力、学习成绩提高了，教师的专业能力得到了发展，师生的幸福指数上去了，社会评价也提高了。

尊重教育规律和学生身心发展规律，为美术生提供更适合的教育，发展每一个学生的优势潜能，是学校教育教学改革的最高追求。保定市美术中学一直走在不断探索的路上。

（原载《中国教师报》第706期，2018年4月）

做新时代的好校长

——听吴甡校长报告有感

2018年8月24日上午，笔者有幸再次走近北京市广渠门中学吴甡校长，聆听吴甡校长三个小时用心、用情的报告，真切地感受到一名从教四十余年的老教育工作者的人生格局、家国情怀和责任担当，吴甡校长的报告更加激励我要当好新时代下引领学校走向未来的好校长。吴甡校长主要从三个方面表达了对校长们的期许，我思索良久，体会颇多。

一、新时代的好校长要做优秀文化的传承者

党的十九大报告提出，中国特色社会主义文化，源于中华民族五千多年文明历史所孕育的中华优秀传统文化，熔铸于党领导人民在革命、建设、改革中创造的革命文化和社会主义先进文化，根植于中国特色社会主义伟大实践。科学认识和正确处理传统文化资源，是实现中华民族伟大复兴的必由之路。传统是我们需要面对的最深厚的精神现实，对民族的整个历史发展起着重要的支撑作用，而这种作用的源头和发展轨迹都是从校园一步步伸展和扩散的。

正如吴甡校长所言，作为新时代的校长，要守好文化的阵地，要善待文化、慎待文化、敬待文化，做文化的传承者、发展者与创生者。

首先要“扩胸怀，增格局”。一个民族的文化不在于有多博大精深，不在于有多悠久，而在于有多少人记住了，后代有多少人认同。所以新时代的校长要自觉肩负起让学生传承中华民族优秀传统文化的使命，站在时代的高度来看待教育事业。其次要“变心态，正追求”。习近平总书记在全国宣传思想工作会议上强调：新形势下教育要自觉承担起育新人、兴文化的责任。这就要求校长把立德树人作为教育的目的，不能只盯着成绩不放，而要担负起家国责任。再次要“知要求，满需求”。新形势下校长要熟知国家的大政方针，并严格贯彻落实。新的时代，对人才也有新的要求，这就要求学校在培养学生能力方面有新的举措，而且能在培养学生的过程中尊重学生的人格和成长过程，成为学生成长的服务者和引路人。

在接下来的工作中，我们要将传统文化落实到学校整体工作计划和课程体系建设中。我们将搭建起学校传统文化课程群：一是通过校本选修或必修的方式，开设经典诵读等国学课程，进入课表，保证课时；二是通过传统技艺课程或社团活动开展各种体验活动，做精书法、国画、剪纸、泥塑、版画等美术特色课程，开设京剧、武术等特色社团，让学生在审美体验中涵养品格；三是通过组织游学等文化活动或以文化为主题的综合实践活动促进学生学以致用，知行合一，让学生能够以各种方式得到传统文化的浸润；四是构建传统节庆课程，挖掘传统节庆资源的人文价值，开发校本化的节庆课程，通过民族节庆中的语言之美、民俗之美、历史之美、文化之美，让学生获得民族文化的滋养。

二、新时代的好校长要做教师队伍的建设者

吴甡校长说，教育是人的教育，是生命影响生命的教育。校长的面貌和状态直接影响到教师的发展，而教师的面貌和状态则直接影响到学生的成长。在报告中，吴甡校长深刻剖析了现在教师队伍的几大问题，针针见血，对教师队伍的建设和管理提出了“风清气正，水滴石穿”的理论。对新教师工作的前五年、十年分别给出了标准和方向，并提出教师应专业精修、兴趣选修，学习非本专业知识，跨界发展的成长策略。同时，要与时俱进，用最“新鲜”的素材与学生共同发展，其中提到的视频集体大备课也是值得我们学校学习借鉴的。

学校的发展不能因循守旧只靠火车头带，而应发挥动车技术，让队伍全面发展。这就要求新时代的好校长要注重自教育，致力于成为一名教育家型校长，致力于成长为专业的教育者、领导者和管理者。

首先，校长能够以教育者的身份定位学校的组织性质及核心价值观，对教师的教学和学生的学习进行有效指导。一名好校长应该是一名教学专家，应该具备把课程和学校教学实践、师生水平结合起来进行探索并形成学校特色的能力。校长要有科学的课程观，能够吸引学科专家、教师、学生、家长、高校课程专家等多元主体参与，促进教师成长，在引导教师成长的过程中不断反省、总结，促进校本课程走向成熟，实现课程与行政领导统一的终极目标。其次，校长能够以领导者的身份对学校发展进行内外环境分析，确定学校的愿景和目标，制定学校的发展战略，规划学校的未来，引领师生的成长。校长应该在学校中牢固树立教师的主体地位，调动全体教师的主动性、积极性，激发教师的创造热情，尊重、理解、满足教师的现实需求，发现教师的潜在需要，提升教师的需求层次。最后，校长能够以管理者的身份运用科学的管理思想和先进的管理技术，对学校的教育教学工作、人员、财务、时间、信息、公共关系等进行全面管理。校长能想多远，学校就能走多远，校长要运用战略的眼光，洞察学校的发展时势，掌握学校的发展机遇，站在全局的高度来规划学校远景，并把它转化为师生员工共同奋斗的愿景。

在学校的实际工作中，我们要大力加强自组织建设，进一步规范级部、处室、学科以及班主任、教师等自成长共同体的运行，以和谐高效的干部团队引领教师的自主成长，以教师的主动发展引领学生的自主成长。同时，进一步完善教师自成长链和他成长链，助力每一位教师健康发展、快速成长。

三、新时代的好校长要做先进文化的引领者

先进文化是能够反映和适应先进生产力发展要求的文化，是根植于中国特色社会主义伟大实践的文化。作为新时代的好校长，要有对先进文化的洞察力，将先进文化融汇于具有本校特色的文化价值体系构建中，并时时用这种文化价值体系汇集力量、提振精神、凝聚人心、体现内涵。正如吴甡校长所说，在工作中要把德育落到实处，当我们真正把时间和精力用在学校文化价值体系建设上的时候，学生就会自觉在文化氛围的濡染下自发自觉地成长。

做新时代的好校长，也要注重自身教育思想的凝练。校长的教育思想根植于校长自身对先进文化的探索，萌芽于学校现实的土壤，成长于全校师生的实践，最终内化为全体师生共同坚守的教育信念。在今后的工作中，我们要进一步凝练自教育思想，并以此为指导，构建引领学校自觉发展的文化价值体系。

首先要提取理念文化，形成学校以及师生员工追求的共同目标、精神境界和价值观念，“为未来的画家、设计大师奠基”“成就自己，创造自己美好未来的学生”，将理念文化贯穿于学校教育教学和管理的每一个环节之中。其次要形成制度文化。今后，我们将在柔性与刚性并蕴、阶段稳定与适时变易相结合、可塑性与可控性共存的制度文化指导下，帮助师生实现自主管理、自主发展、自我约束和自我监督。再次要营造空间文化。在思考学校的空间文化建设时，最应被关注的不是空间而是空间主体，即作为发展主体的学校成员，尤其是主体自身的自主意识和能力对其发展的作用机制。让每个人能够对环境予以开发、选择和利用，而不是单向接受环境的影响，从而形成自然生成的校园、自在发挥的空间。最后要重视反思文化的作用。自主反思是由他律转为自律，实现自身成长的重要方式。我们从师生进行反思的“物质文化、规范文化、观念文化”三方面入手，构筑“三位一体”的反思文化体系，为师生反思成长创造良好的环境。

吴甡校长的报告让我深知，作为新时代的好校长，不仅要忠诚于党和人民的教育事业，贯彻党的教育方针，做好教育教学和管理工作，还要逐步形成并完善自己的教育思想。“一个好校长就是一所好学校”的意义就在于校长要有境界，既要有制度规范，也要有文化引领，更要有人文关怀，这也是“教育家办学”的要义所在。在今后的工作和学习中，我会认真研习古今中外教育家的思想观点、理论理念，注重继承和发展，广泛涉猎各学科知识，开阔视野，丰富想象，掌握规律。在吴甡校长工作室、河北省教育家型校长培养工程和教育部全国优秀校长高级研究班以及全国名校长领航工程的引领和指导下，我将进一步完善自教育思想，为中国的教育事业做出自己的贡献。

（原载中国教育干部网络学院网站，2018 年 9 月）

步履不停　成长不止

——成长为教育家型校长

2018年8月，《中国教育学刊》刊发了王定华司长署名文章《中小学名校长领航工程的理念进展方略》。作为第二期学员，笔者拜读了王司长的文章后对领航工程又有了更深的体悟。

名校长领航班是教育部校长“国培计划”——卓越校长领航工程的重要组成部分，旨在加强我国基础教育高层次人才队伍建设，培养造就一批具有较大社会影响力的教育家型校长。怎样的校长才能称之为“教育家型校长”？王司长给出了答案。首先，要坚定信念，名校长要自觉做中国特色社会主义的坚定信仰者，自觉把党的教育方针贯彻到教育教学和管理工作的全过程，严肃认真对待自己的职责。其次，要引领思想，名校长应该成为具有教育思想的学者。再次，要创新实践，领航校长应多从当下的教育实践提炼，通过实践去检验，通过检验去反思，通过反思去提升。最后，要有社会担当，名校长要站得高、看得远、想得深，胸怀天下、心系未来，树立家国情怀，帮助和引领薄弱学校也得到发展。“教育家型校长”的这四个标准，让我看到了自己与名校长的差距，同时，也明确了自己要努力的方向，坚定自己的理想信念，树立更宽广的家国情怀，在实践中不断提炼教育思想，不断进行改革创新，将自己的办学成果辐射周边，让更多的人受益。

名校长领航工程自2015年4月正式实施以来，教育部和各地教育部门积极探索实践，取得明显成效。教育部不断进行顶层设计，通过开展各种学习研修活动、制定相应规章制度与管理办法等途径，为名校长领航班学员培养工作提供了有效管理和有力服务。同时，各基地也竭尽所能，精心培养领航班的各位学员。这一点从我入选人大附中联合总校、中国人民大学教育学院联合培养基地时就已深刻认识到了。人大附中培养基地不仅有教育家刘彭芝校长的引领，还有由清华大学、北京大学、中国人民大学、北京外国语大学的资深教授组成的结构多元的专家团队，共同诊断指导，促进学员所在学校的发展。此外，基地还为学员提供体系完善的校长培养课程资源，以及丰富的教育实践基地，注重理论与实践的结合，全面提升学员的能力。人大附中培养基地通过八大课程模块创新学员培养方式：学校发展与校长自身发展有机结合，教育家引领与个性化培养有机结合，自身发展与示范引领有机结合，办学实践指导与高端平台助力有机结合，理论导师与实践导师相结合的双导师培养，示范引领与办学诊断相结合培养，学员互助与实践基地深度学习相结合培养，还有国家学术平台的助力。各个基地都在为学员成长积极搭建平台，学员们也付出了辛勤努力，认真研学，开展课题研究，凝练教育思想，巡回讲学，帮扶薄弱学校。首期名校长领航班受到社会各界的高度关注，产生了广泛的社会影响。

为科学实施第二期中小学名校长领航班，将名校长领航工程引向深入，王司长指出名校长领航工程的下一步方略，即开展个性培养、情景培养、跨界培养、课题研究、精准帮扶、协同支持，多种途径、多个角度、全方位地培养第二期名校长学员。

“名校长”荣誉加身的同时，我压力巨大，深知自己还需向“教育家型校长”拼力前行。循着王司长指引的方向，我将从专业知识、专业能力、专业作风与专业精神四个方面补齐短板。

一、拓宽专业知识

“专业”的一个重要特征就是“专”，唯有“专”才能体现差异、体现价值。北京师范大学资深教授顾明远先生曾言：“社会职业有一条铁的规律，即只有专业化才有社会地位，才能受到社会的尊重。如果一种职业是人人可以担任的，则在社会上是没有地位的。”

专业发展离不开专业学习，从经验型校长到专家型校长再到教育家型校长，是校长专业成长的进阶之旅，每上一个台阶都需要补充新的知识能量，因而持续学习对自我的成长极其重要。于我而言，对教育和管理系统专业知识的学习仍然有很大的空间，也是我专业发展的短板。

在成长的过程中，我要静得下心来，读书、反思、践行，不断积累学识素养，生成教育智慧。中外教育发展的历史、教育家的思想、管理哲学和管理理论、人的身心发展规律、教育教学前沿理论和研究成果、教育改革的方针政策及其趋势等，都是校长成长应该汲取的丰富营养。更要走得出去，通过实践考察和同行交流，了解国际前沿教育观点。在对漫长而丰富的实践纵向观照及与优秀的左邻右舍横向比较中，不断分析总结与反思，积淀下圆熟的治校经验，并与自己的个性品格“合成”为独特的教育风格，引领教师队伍的前行。

二、提升专业能力

工欲善其事，必先利其器。专业是教育家型校长的特质，是一种外在能力。

其一，要具有引领学科发展的专业素养，校长对教学的领导不同于普通教师，校长领导教学关注的是学校教学的总体规划设计、教学的协调发展以及资源开发和教学变革的引领。作为教育家型校长，要以自己的专业权威引领所有的教学参与者关注自身专业成长，积极参与教学文化建设，营造科学的育人氛围。

其二，要具有构建校本课程开发和建设的专业能力。课程开发与课程领导力是教育家型校长的核心领导力之一，是教育改革赋予校长专业发展的新目标。校长的课程领导力表现为两个维度，一方面是人的维度，即对师生主体地位及共同精神需求与意愿的关注、引导及达成；另一方面是外在的情景维度，即对以校园文化为载体的教育教学情境这一现实问题的解构与重构维度。其归宿都在于师生共同成长与教育价值的最大实现。这就需要校长在基于研究课程、研究情境、研究教学反思、讨论形成集体认同的基础上构建大课程观，让师生自由发展。

其三，要具有规划学校发展的专业本领。要对学校发展进行内外环境分析，确定学校的愿景和目标，制定学校的发展战略，规划学校的未来。并且应有所为有所不为，分得清事情的主和次、本和末、源和流、重和轻，善于抓根本、抓大事，这样才能高屋建瓴，提纲挈领，杂而不乱，有条不紊地推动学校各项工作的开展。

其四，要具有领导学校教育改革与发展的创新能力。教育世界不断变化，日新月异，校长办学不可能复制别人的模式或重复过去的老路，以不变应万变不是一个优秀校长应有的态度。教育家型校长应该成为一个时代教育的领头羊，应该站在教育的前沿思考问题，要对社会变化、对新生事物保持敏感性，要善于结合自身情境，运用自己的智慧创造性地解决问题。

其五，要具有凝练并引领学校文化建设的专业能力。在教育资源均衡化的背景下，作为教育家型校长，不仅要重视学校有形资源的扩展，更重要的是引领学校文化，注重学校文化资源的利用与拓展，树立校长是学校文化建设的“第一责任人”的理念，把文化作为引领学校成长的核心发展力。

其六，要具有跳出教育办教育的实践智慧。在当今这个多元价值不断碰撞的时代，校长要有意识地关注现代教育价值和社会主义核心价值观对教育的要求与启示，在充分理解和思考这些要求与启示的前提下，结合自己学校的实际情况，凝练出学校的教育理念、办学思想，并将这种价值追求转化成全校师生共同的价值追求，力求在学校管理中践行学校的教育理念和办学思想，办有灵魂的教育。在多年的办学实践中，我对教育和人的发展有了更多的思考，朴素的办学实践逐渐明晰成为自教育思想，自教育思想也从萌芽逐渐发展、完善，构成了一个主旨鲜活、脉络清晰、落地有声的思想体系。目前，自教育已在美中每位教师、每位学生的生命中开花。他们每个人都在自教育中凸显生命的完整，成就属于自己的幸福人生。当然，自教育思想不会止步于此，而是随着我学习的深入逐步推进。我坚信，在不远的将来，自教育思想会填补中国教育史的一个空白，在中国教育发展中画上浓墨重彩的一笔，成为真正引领中国教育发展潮流的教育思想。这样才无愧于中小学名校长领航工程对我的悉心培养，无愧于我校广大教师，无愧于学生和家长。

三、强化专业作风

高山仰止，景行行止。教育是一项以育人为本的事业，不仅应该发展人的智能，同时应该发展人的情感、态度和价值观，提升人的道德水准。具有高标准道德规范是社会对教育职业的必然要求。教育家应该具有高尚的道德品质、高洁的道德节操、崇高的道德行为，能够用自己的实际行动诠释教育的道德目标，把提高自身的思想政治素质和职业道德水平摆在首要位置，把社会主义核心价值观贯穿到治学治校全过程，用习近平中国特色社会主义理论武装头脑，加深对中国特色社会主义的思想认同、理论认同、情感认同。

可以说在个人工作作风和道德建设上，我一直在路上。2010 年 9 月，我作为河北省课改先进学校校长参加了教育部中学校长培训中心主办的第八期全国课程改革校长研修班。2014 年 9 月，我参加了第七期全国优秀校长高级研究班。2016 年，我入选了河北省首届教育家型校长培养工程。而今，我又有幸成为中小学名校长领航工程的培养对象，感到肩上的担子更加重了，深知自己身上的责任与使命。

今后，我要以道德和人文为基础的领导力影响、聚合并引领团队、凝结人心和精神，以个性、独特为内涵的思维力决定事业发展的方向和思路，以务实、创新为根本的创造力成就卓越的教育功绩，而以功业和实绩奠基的表达力则让自己的教育思想插上翅膀，通过辐射实现功业的爆炸式增长。努力做教育信仰的坚守者、师生成长的引路人、教育改革的先锋、历史重任的担当者。

四、涵养专业精神

咬定青山不放松。教育家型校长身上的特质就是"教育家精神"，一种特殊的"精、气、神"。

首先，教育家型校长要具备强烈的家国意识，有为国育才的社会责任感，在办教育的过程中时刻渗透对国家、对民族、对人民的关照。应主动担当起教育职责，支持政府、督导教师、教化学生、沟通家长、服务社会，自主建构自我发展，以强烈的家国意识感染无数的教育人为实现理想之教育而奋斗。

其次，还要具备无私的教育情怀。"情"是崇高的感情，"怀"是广阔的胸怀，两者统一就是情怀。要成为一名教育家型校长，最难的不是知识和能力，更不是要获得哪一级职称、发表多少篇论文或出版多少专著。最根本的，大概也是最难的，是要有深厚的教育情怀。何谓教育情怀，我的理解是教育者要敬畏教育的价值和规律，敬畏每一个个体的生命，给予学生爱和美的教育。

王司长也指出，积极探索培养创新人才的途径，树立正确的人才观和科学的质量观，要考虑学生的个性特点，不按一个标准、一个模式培养学生，力图为每个学生提供适合的教育，促进学生全面而有个性的发展。

作为一名教育家型校长，就要注重用自己的教育情怀培植学生的生命情怀，让他们确认、接纳和喜爱自我生命，肯定、欣赏和沉浸自我的生命意义。学生收获自信与执着，学会创造与变通，懂得担当与合作，形成积极的、光明的内心世界，让他们凸显生命的完整，成就属于自己的幸福人生。

1. 让学生成为敢于梦想、执着进取的人。自由、自治的环境是梦想滋生的土壤。当学生拥有更高的志趣、更开阔的眼界时，他们的思维就会更加开放、流畅，思考问题就会更有深度，学习乃至生活中的许多疑问就会更容易得到解决或启发，奋斗的方向就会更加明晰。

2. 让学生成为具有好奇心和创造力的人。“好奇心是成功的标配”，无论在学校、家庭还是社会，教育目标更多在强化知识养成，“会回答问题”。然而我们正面临着世界经济和政治格局的深刻变革以及一系列全球新挑战。教育要立足于世界，培养可持续发展的未来的人。摒弃“举手发言有危险，低头沉默最安全”的教学环境，回归笑声、掌声、质疑声三声掷地的安全教育。保护学生的好奇心，激发其创造力。

3. 让学生成为勇于担当、热心公益的人。中学生在面对错误时，强调理由、推卸责任的多，主动认错、勇于担责的少；面对困难时，选择逃避、绕道而行的多，直面困难、解决困难的少。实际上，这是学生责任心不强，不能勇于担当、逃避心理的具体表现，对学生将来的发展会造成诸多不良影响。我们要充分关注中学生的心理特征，让其逐步成为自己的主人、班级的主人、学校的主人，在参与班级、学校管理事务中培养其勇于担当的品质，进而拓展到热心公益、扶危济困、主动承担社会责任的层面。

4. 让学生成为阳光自信、善于合作的人。让每个学生都沾染阳光的味道，男生绅士，女生优雅。在学有所乐的同时彰显自己、发展自己。在自成长的轨迹中独抒己见，在合作交流中尊重、接纳、融合。

5. 让学生成为懂得感恩、充满幸福感的人。校园里草木树石、班级里的规章制度、书吧陈列的书刊画报都由学生参与设计、制定和布置，都凝结了学生们的心血和智慧。亲身参与才会真心守护，才会在角角落落找寻到慰藉与幸福。不管未来如何走向，三年的时光定会成为他们人生中最温暖、最长情的记忆。记忆中有自发自觉，有自主管理，有自我对话，与未来联结，与幸福同行。

作为一名教育家型校长，就是要从学生本身出发，把目光放长远，穿过现实的藩篱，看到每个学生的灵魂深处，让学生在学校教育中看得见自主、记得住爱、留得住美。作为一名教育家型校长，就要追求和实现宏大的教育理想，突破原有认知的桎梏，在纷繁复杂的问题中时刻保持清醒，敏锐地感应时代的脉搏，在不断的思考之中成长自身，引领师生的未来。

自教育点亮美中的“灯塔”

每一所学校都需要凝练出自己的办学理念，这个过程是一个漫长的、从朦胧到清晰、从经验到理论、从寻找到践行的过程。

22年前，我创办了河北省保定市美术中学（以下简称“美中”）。这么多年来，我一直不断反思、诠释、丰富、检视自己的办学理念和办学实践，试图确定一个经得起时间检验和教育本质拷问的“理念系统”，让办学思想更精确、更简约、更能直击教育本质、更能为全体师生所认同。直到2014年10月，我有幸进入教育部中学校长培训中心学习，在专家的指导下，找到了让自己感到最能彰显过去办学实践和教育理想的概念——自教育。

这些年来，一个理念变得更加坚定，那就是教育必须从成人立场转向学生立场。教育的本质归根结底是学习的本质，教师是为学生服务的，教师的教必然服务于学生的学，而学习最终是自己的事情，没有人可以教会另一个人，除非他真正投入到学习之中。当学习基于“自”、指向“自”的时候，学习便真正成了一件高度个性化、私人化的事情。

我们常说，“自知者明，自胜者强”，学校里发生的一切最终都源于“自主”，无论学校引入什么样的改革项目，我真切地发现，“自主+”才是王道。失去了自主判断、自主选择、自主成长，一切“加”都会变得虚无。

所以，在课堂自主、管理自治、文化自生的基础上，我们进一步凝练，最终确立了自教育思想。

我发现，寻找和凝练办学理念系统的过程，实际上也是不断发现自我、认识自我、理解教育本质的过程。

一、重温36年前的办学初心

记得16岁那年，我与要好的同学一起畅谈自己的理想时说：“我要投资30万元，建一所理想的学校。”36年来，我一直为实现这一梦想砥砺前行。

24年前，也就是1995年，我终于创办了自己的第一所学校——河北中西艺术设计中专。那时，人们对民办学校的认识几乎还是空白。我自办学校的想法一提出来，得到了许多朋友、师长的支持，同时也受到了许多质疑甚至否定。

在“资金短缺、生源薄弱、师资缺乏”的三重压力下，我坚持社会担当、自力更生、主动发展。1997年，在原来的办学基础上，我主动聘请河北省美学学会原常务副会长、河北大学艺术系原主任梅宝树教授担任校长，河北大学教务处原处长薛岩彬任常务副校长，同时聘请河北大学、华北电力大学、河北农业大学等高校艺术系优秀教师承担教学工作。自此，保定市美术中学宣告成立。

参加过竞争激烈的艺术高考，并有着艺术院校从教经历的我，深知艺术高考背后的困难：社会对艺术考生充满偏见，美术基础教育在大部分中小学只是点缀，家长对于艺术教育知之甚少，艺术考生不知道如何平衡文化课与专业课的学习。因此，大量热爱美术、有美术天分的孩子得不到更为专业有效的培养，在艺术成长、发展的道路上走了不少弯路。

1993年2月，中共中央、国务院发布《中国教育改革和发展纲要》，其中指出：“必须从我国国情出发，根据统一性和多样性相结合的原则，实行多种形式办学，培养多种规格人才，走出符合我国和各地区实际的发展教育的路子。”在国家政策环境的支持下，在“办一所自己理想的学校”这一强烈、深厚的教育情怀激励下，作为系统培养美术生的保定市美术中学逐渐得以发展壮大。

自己的学校有了，但这所学校是自己理想的学校吗？这所学校靠什么走向百年乃至更远的未来？我一直反躬自问。我认为，一所面向未来的学校不能只有规模和大楼，更要有核心办学思想的支撑。由此，我们从自己的教育实践出发，结合教师团队和专家的共商、引领，提炼出一个共识性的教育思想——自教育。这是美中办学历史中弥足珍贵的思想财富，蕴含了求学者和施教者共同的教育愿景。

二、为什么是自教育

何谓自教育？我和我的教师团队融合新时代元素，对自教育进行了校本化的定义。自教育是指作为主体的人，自愿自觉自发地参与到教育活动中，在此过程中充分体现自觉参与、自觉配合、自觉激励、自觉内省、主动合作。具体表现在实现学生、教师以及管理者发展成长的教育、教学、管理、评价、活动、交往、生活、劳动之中，同时作为教育对象的自己可转化为实施教育的人，即自己教育自己，并在此过程中发挥自我的主观能动性，自学自教，不断自我调节，以缩短理想自我与现实自我之间的差距，促进自我不断完善。

毛泽东青少年时代深感旧式学校教育之弊端，1912 年他曾中途退学，在湖南省立图书馆度过了半年难忘的自修生活，还曾创办自修大学。毛泽东鲜明地提倡“自救”“自决”“自教育”“自由研究”。有学者认为毛泽东的教育思想即自教育思想。自教育是人的意识高度发展的体现，也是人的主体性发展水平的体现，因而应该成为现代人发展的重要特征。

自教育是与强迫教育、他教育、统一教育相对的，自愿主动的、个体自我选择的教育，有着鲜明的自觉、自主性。自教育注重个体对自己身心发展的自觉能动性，揭示了教育主客体的统一。自教育的“自”可理解为自然、自主、自由、自律、自立、自强；自教育中的“教育”可以理解为培养、养成、发展、培育。

回想起来，我自己的学习成长经历和创办美术中学 20 多年的过程，就是自主学习、自主成长、自主创新、自主发展的过程。这一经历充分证明，只有自励、自立、自信、自强，做自己的领导者，才能赢得未来、创造未来。

美中多年来一直推进课堂教学改革，践行的核心理念就是自主学习。学生是学习的主人，学生在课堂上高度自主，自主安排课堂环节，自主组织学习小组进行预习复习，并能在课堂中自信地展示、大声地说出自己的观点。课堂内外也在积极开展自主管理，例如学生自主组织学校的升旗仪式、自主管理班级、自主管理书吧、自主组织家长会等。通过一系列的自主学习、自主管理活动，学生提升了自我教育的意识和能力。

自教育的提出还有一个重要的背景，当今教育的一大“病灶”就是教育当中存在太多的包办替代现象，学校处于“强势”地位，留给学生自己的时间很少，学生整天处于“被教育”“被学习”“被活动”的圈养状态。久而久之，学生的棱角被磨平、个性被抹杀，对什么都缺乏兴趣，做什么事都缺乏自己的主见，也很少有快乐和成功的体验。

当然，我要强调的是，学校条件下的自主学习不是孤立进行的，它的存在需要一个支持性的教育大环境，即学校要给学生提供充分的学习自主权和有利于学生成长的教育资源，以及营造宽松的张扬个性、发展自我的活动天地。

通过自主创业、自主成长，我深深意识到，新时代的校长必须要有自我教育的意识和能力，做自己的领导者和教师成长的指引者。新时代的教师，要自觉完成从“生存型”到“发展型”的转变，成为学生成长的促进者，引导学生自主发展、自我选择。新时代的学生，应该懂得自我教育，做班级、校园的主人，做学习、生活的主人。

所以，自教育是美中教育实践的产物，是我心向往之的教育理念，是一种由内到外的心灵觉醒与自我革命，是经济多元化、文化多元化、需求多元化、选择多元化情境中产生的教育形态，是美中人在长期的办学实践中自然生长的朴素教育理论，是校本化的表达。

三、用理念照亮实践

自教育深入教师、课堂、学生，真正做到了“让每个学生都抬起头来走路”，激发、唤醒、鼓励每个学生的自我成长，让学生成为有个性、自主、全面发展的人。自教育既是价值观，也是方法论，指导着教育实践。自教育有一套系统的思想体系，涵盖管理、课程、课堂、文化等方方面面。回想起来，自教育的产生大致分为三个阶段。

萌芽阶段。主要集中在课堂改革的初步探索和实践上。在校长引领下教学观、教师观、学生观尝试做出改变。课堂上改变“教”与“学”的地位，教师尝试将课堂放手于学生，让学生“动手、动脑”，课堂形式由原来的“满堂灌”改变为学生进行自学、反馈。学校干部队伍在观念上发生转变。

生长阶段。教育的自主理念、自主精神已植入美中人的血液中。学校师生主动吸取关于自主教育的相关理念，学生真正成为学校的主人，教师评价机制随之更新。

系统构建阶段。自教育概念正式确立，自教育思想深入师生人心。自教育引领下的课程、课堂教学、管理制度、文化成为体系，提升了教育智慧，肩负起“美中为公”的责任和使命。

陶行知曾说：“学生自治是一个自主管理的过程，学校要尽可能创造条件，使学生有机会发展自己管理自己的能力，不但可以培养学生的自尊自律意识，还可以提升学生的协调组织能力，让学生终身受益。”“学生自主管理”模式的核心理念是让学生学会做人、学会学习、学会发展。从学校方面来说，要实现学生自主管理，关键要给予学生充分的信任与鼓励，给学生提供机会，让学生从独立完成小事做起，体验到成功的喜悦和自身的价值。

20 多年的实践和探索，我的所思所想在学校逐步成为所见所感，自教育的探索和实践也结出了累累硕果。可以说，自教育是美中在长期的办学实践中自然生长出的一种朴素的教育经验。

22 年来，从无到有、从小到大、从有到优，美中主动填补美术特色教育空白，自觉肩负“为未来的画家、设计大师奠基”的使命，秉持自教育的办学理念，成就“自己创造未来”的学生。我们逐步凝练了“自然而然、以文化人”的自教育学校文化，创建了“自治自律、自动运转”的自教育管理系统，锻造了“自觉自动、自主成长”的教师团队，致力于美术拔尖创新人才的培养，成为清华大学美术学院生源基地实验学校，获得一系列殊荣。

站在新的发展节点，我们肩负“美中为公”的责任与使命，以自教育点亮美中新时代。

（原载《中国教师报》第 763 期，2019 年 7 月）

自教育，点亮美中的“灯塔”

现阶段，我国基础教育的一大“病灶”是教育过程中存在过多的包办和替代现象，学生常常是在听话和被选择中被动学习、被动成长。这种以学校和教师为中心的教育，忽视了学生的主体地位并将其作为接受教师指令的应答器；在具体的教学方法上奉行灌输和强制，用外铄代替内发，用他律代替自律。然而，推行素质教育，落实立德树人的根本任务，需要从学生出发，让学校教育尽可能符合学生能力提升的要求。总之，新时代的学校教育应该将“他育树人”与“自育树人”相结合。

多年来，保定市美术中学（以下简称“美中”）始终坚持自主学习理念，课堂上学生自主安排课堂环节，探索独学、对学、群学等学习形式；课堂外学生积极探索自主管理，开展自主管理班级、自主管理书吧、自主管理家长会等活动。为了进一步厘清办学思路，彰显学校办学特色，推进特色学校建设进程，美中通过调研、座谈、分析和论证，确立了自教育思想。

一、自教育的内涵

自教育的概念界定。自教育中的“自”指的是自己、自我、本人，是与“他”相对应的另一个教育主体；教育包括接受教育和自我教育两类，教育是上位概念，接受教育和自我教育都属于下位概念，完整的教育是两者的“二维一体”。因此，自教育是指作为主体的人，自己对自己进行的教育，即自己既当教育的主体又当教育的对象。个体按照社会的需求和自身发展的需要，发挥自我能动性，自学自教，不断自我调节，以缩短理想自我与现实自我之间的差距，从而有意识地影响自我发展。在学校教育阶段，自教育主要表现为培养学生自教育的意识和能力，使学生离开学校，步入社会之后能够自学自教、自主成长。总之，自教育是人的自我意识高度发展的体现，是自我完善、自我发展的一种教育活动，是现代人发展的重要特征，也是其他一切教育活动的基础。

与受教育相比，自教育具有如下特点：一是包含校长、教师和学生三类主体。一般学校都将学生作为教育的唯一主体，而自教育中的三类主体指的是校长、教师、学生作为教育主体相互配合、相互协作，彰显各自的主体性，从而促进各自的全面发展。二是遵循终身发展与完整成长的目标。终身发展指学校教育要为受教育者一生的成长奠基，使其树立终身教育的思想，具有终身发展的能力；完整成长意味着每一名师生都是丰满、立体的人，意味着一个人的教育历程是知识增长、视野拓宽、责任增强、心灵涤荡、体格健美、事业成长的生命历练过程。三是坚持自由、规则、守一的原则。自由是自主的前提，它注重人的自我解放，强调给予人自我选择、自我创造的自由。自由不是绝对的，不是随心所欲，它是在一定规则规范下的生命活动。规则不是外在强加的制度和纪律，是师生平等共商基础上达成的约定，是充满生命情怀的游戏规则，是师生实现合力教育、共存成长的保障。守一源于儒释道，不忘初心，恪守规范，终有成就。

二、自教育的过程机理

一切的教育活动都是一个过程，都是以过程的形式存在和发展的。正如恩格斯所说，“世界不是一成不变的事物的集合体，而是过程的集合体”。自教育活动的展开也必然表现为一个过程。

自教育始于学生自我发展意识的觉醒和自教育目标的确立。自我发展意识是学生自教育的开始，也是学生实现自主发展的基础和前提。从时间维度上看，学生自我发展意识的内容包括对自己过去发展过程的意识，对自己现在发展状态、发展水平的意识，对自己未来发展的期许和规划的意识。自我发展意识的觉醒，实质上是学生的自知自明和自省自觉。自知自明指了解自己的情况，对自己的优势和劣势以及遇到的困难等有客观的评估。自省，指人的自我评估、自我反省和自我期待；自觉，指自己有所认识而主动去做。当然，人的自知自明和自省自觉不是天生就有的，也不是自然而然生成的，它需要外界的影响，如读一本好书获得的启迪、榜样的激励或某个重大事件的刺激等，但更需要教育的引导和促成。

自教育实施于主体进行的活动与交往中。凡能有助于学校自教育思想落地的活动，都可称为自教育活动。学校自教育活动主要包括以下三种：一是学生的独立活动，即学生的思维、情感和想象力高度投入的自主性、创造性活动，如各种社团活动、独立阅读、科技制作、社会实践、艺术表演等。在这些活动中，学生根据从外部获得的信息不断调整原有的认识和经验，并进行多次反馈，最终实现自我调节、自我控制和自我提高。二是人际交往活动。师生之间、生生之间的民主式、平等性、合作性交往，可以使学生及时了解自己与教育要求之间的差距，从而有效地进行自我改进和自我调节。在这样的交往中，每个学生充分展示自己与众不同的一面，彼此之间取长补短，通过他人认识自己、教育自己。三是学生参与管理和评价活动。学生在教师指导下参与管理，在体验做学习主人的同时学会自我反思、自我约束、自我控制。如果说自教育始于学生的自知自明和自省自觉，那么自教育则成于学生的自主、自持、自勉和自励。自主是自己做主、自己能独立做出决定、自己管理自己，就是要有自己的主意。在自教育过程中，自主体现为独立思考、独立钻研、独立探索，主动学习和自主决定。自持，即自我克制、自我坚持，是基于信念的自我约束。在自教育过程中，学生将面临各种干扰和诱惑，有不为、有底线方能自持。自勉、自励即自我勉励、自我激励。自教育过程中难免会有迷茫、困难和挫折，自勉、自励既是一个发奋与抗争的过程，也是一个超越自我的过程。

自教育的理想阶段是学生身心获得发展，产生积极的心理体验。自教育从发生、开展到学生产生积极的心理体验，再到树立新的目标，是一个循环往复、螺旋上升的过程。自立、自强、自信、自在，是这一阶段学生通过自教育实现的进步，也是新一轮自教育的内在动力。自立，一方面指自我独立，自己的事自己做，不依赖别人；另一方面指经过前期的实践为自己的成长奠定基础。自强的本意是奋发图强，不断提升和完善自己。自信是自我评价上的积极态度，是自我肯定与自我相信。通过前一段自教育，学生产生了积极的心理体验，相信可以实现自己追求的目标。自在，指自然而然的存在状态，也指自由、无拘束，感觉舒心。

总之，我们用自知、自明、自省、自觉，概括学生对自己的认识和自教育的起点；用自主、自持、自勉、自励来概括自教育过程中学生的自我把握、自我努力、自我激励，以及自教育过程中学生应具备的品格；用自立、自强、自信、自在概括自教育达成的目标，学生获得发展后的人格特征和存在状态。以上十二个“自”有先后之别，不能相互替代；前“自”是后“自”的基础，后“自”是前“自”的结果。

三、自教育的实践

自教育学校文化：自然而然，自如其然。在新时代背景下，美中积极践行“自然而然，自如其然”的自教育文化，提升学校文化品位，打造学校文化品牌，将师生塑造成为具有“植根于内心的修养，无须提醒的自觉，以约束为前提的自由，为别人着想的善良特质的文化人”。在文化体系的构建中，学校遵循师生生命成长的内在规律，顺势而为，打造了具有美中特色的理念文化，彰显自教育内涵的“自觉”文化，促进自主成长的“反思”文化。例如学校秉持“为未来的画家、设计大师奠基；为未来的教育家、课改专家铸魂”的宗旨，明确了“为全球学校贡献价值”的办学目标和“终身发展，完整成长”的育人目标，确立了“自己创造未来”的校训。

自教育管理：自治自律，自动运转。学校通过多年实践，总结出了“自定标准、自查互查、自评互评、自主承诺、自定奖惩”的自教育管理二十字方针。首先，学校管理实现扁平化，减少层级，各部门直接对校长室负责，优化组织结构，提高管理的效率。其次，学校采用项目负责制，对各项工作进行“招标”，促进自教育管理工作有序、高效推进，发挥自组织的管理作用。自组织在学校的具体化就是共同体，学校教师根据自己的需求，自由组成共同体去解决问题，最终实现自我管理、自我净化、自我改善、自我驱动，而没有正式的组织边界。另外，学校将人力资源作为发展的第一资源，追求教师发展优先，由此构建了适合当代教师发展的自主成长机制，形成了教师自成长链（自育、他育、博育）和他成长链（日反思会、周成长课、月成长汇、学期成长节），助力每一位教师快速成长，努力打造具有竞争力的教师队伍。

自教育课程：自我选择，自我建构。我们的课程设计基于"全员育人、育全员的人；完整育人，育完整的人"的理念，强调"自然自能，多元发展"。我校将国家课程、地方课程、校本课程有机融合，在开足国家课程的基础上，结合学校自教育实践，形成两大课程体系：一是建构"自"的课程，即通过提升学生在基础领域中的人文与社科素养，使其明晰自我概念、提高自我意识、确立自我形象、增强自我力量的课程；二是"自"建构的课程，即由学生自主开发或参与开发的课程，让学生成为课程开发的主人，在活动中提升学生的综合技能、实践能力与组织能力。

自教育课堂：自本自信，自由自在。我们的课堂采用"思维素养双生长五环节"的"自本课堂"模式，通过思维激发（导入）、思维导引、思维表征、思维迁移、思维内化，充分调动学生的积极性和主动性，学生在课堂上的主人地位更加明确，自教育核心素养中的领导力、审美力、创新力、选择力、表达力、合作力在学生身上得到了完整呈现。在"自本课堂"中，同学们主动同老师一起备课、研究考纲；每位学生都主动展示，培养自己落落大方的气质；每节课主动板书三次，培养工整书写、规范答题的习惯；聚焦点拨时，主动在三秒内迅速到达黑板前，形成快速反应与主动应答的意识。同学们想说、敢说、会说、乐说；他们大胆发问，他们敢于质疑；他们在充满掌声、笑声、质疑声的课堂上自由呼吸，快乐学习；他们在师生互动、温馨和谐的氛围中感受幸福，在听说读写讲评议中锻造成长。

（原载《河北教育》，2019年9月）

基于“自教育”思想的学校特色文化构建

目前，随着基础教育课程改革的不断推进和发展，各学校愈加重视学校文化建设，积极探索形成特色文化的有效路径。在文化建设过程中，学校应立足于自身的核心价值观，因为这是学校共同的价值观念、价值判断、价值取向，它产生于学校自身，得到全体师生的认同和维护，并且随着学校的发展而日益强化。

保定市美术中学（以下简称“美中”）是河北省唯一一所具有美术特色的省级示范性普通高中，同时也是清华大学美术学院生源基地实验学校。美中主要为全国八大美院、著名艺术院校、重点大学美术学院（系）输送优质生源。多年来，学校先后获得“河北省课程改革先进学校”“全国教育系统先进集体”“全国文明单位”等荣誉称号。

作为美中的创办人，笔者在多位教育理论专家的指导下，在长期办学实践和课程改革探索中，带领美中人共同凝练出自教育思想，并使其不断丰富、发展和完善。现阶段，立足自教育思想，构建具有美中特色的自教育文化具有非常重要的意义。本文中，笔者拟对基于自教育思想的学校文化建设实践进行分析。

一、自教育思想解读

自教育这个词不是美中的原创，但它却是美中在长期办学实践中自然生成的、朴素的教育经验。基于现代教育存在学生被动学习、被动成长的问题，基于“互联网＋”与“自媒体”迅猛发展的趋势，基于培养全面发展的人的时代要求，笔者结合学校团队的思考凝练出自教育思想。

自教育是指作为主体的人，自愿、自觉、自发地参与到教育活动中，在此过程中充分体现自觉参与、自觉配合、自觉激励、自觉内省、主动合作。它具体表现在促使学生、教师和管理者发展成长的教育、教学、管理、评价、活动、交往、生活、劳动等方面。同时，作为教育对象的自己可转化为实施教育的人，即自己教育自己，并在此过程中发挥主体自我的能动性，自学自教，逐渐缩短理想自我与现实自我之间的差距，从而有意识地影响自我发展，促进自我不断完善。

自教育思想以校长、教师、学生为主体，以自由、规则、守一为原则，以人的终身发展和完整成长为目标。自教育有一套系统的思想体系，涵盖文化、课程、课堂教学、管理、教师发展及学生成长等各个方面。自教育就像是美中的灯塔，将远方拉得更近，将理想照进现实，促进学校不断探索、前进。

二、自教育文化概述

自教育文化是基于自教育思想的文化形态，是作为主体的人在自我建构的生命空间中所自然生长的思想文化、观念形态的总体表征，是具有鲜明美中特色的“自然而然”的文化。

“自然而然”源自老子哲学。老子《道德经》中共有五处提到“自然”一词：第十七章“悠兮其贵言，功成事遂，百姓皆谓我自然”；第二十三章“希言，自然”；第二十五章“人法地，地法天，天法道，道法自然”；第五十一章“道之尊，德之贵，夫莫之命而常自然”；第六十四章“是以圣人欲不欲，不贵难得之货；学不学，复众人之所过。以辅万物之自然而不敢为”。老子之自然，不是指自然界，却表达了对自然界秩序的向往；不单单指人类社会，也表达了对人与自然、人与人生之间和谐关系的憧憬。所谓“以辅万物之自然而不敢为”，“辅”就是顺应自然的客观规律，而“为”则是违逆客观规律，使万物服从人的主观意志。①

自教育文化充分体现自教育中学生的主体地位。因此，美中遵循“自己创造未来”的校训，崇尚“自由自在、自觉自愿、自治自励、自立自强”的校

① 叶树勋．早期道家“自然”观念的两种形态［J］．哲学研究．2017（8）：21.

风，以打造“自觉觉人、自省省人、自律律人、自利利人”的教风和“自学自悟、自动自发、自始至终、自然而然”的学风。这些无形的精神形象都体现了美中培养学生的自我教育意识、自主学习能力和主动自发的向好求善的追求。学校对学生的教育都顺应学生自身的发展需求、发展动力与发展潜能，自然而然，以文化人，从人本身出发，促进人的进步与发展。

三、构建自教育文化的实践分析

（一）构建美中特色的理念文化

学校理念文化是指由学校全体师生在教育教学、科研、长期活动与发展演变过程中共同创造的，对外具有个性识别意义的文化价值观，反映学校的办学思想，体现师生的精神面貌，是学校文化的核心。多年来，美中充分调动全体教师的智慧和热情，集思广益，逐步形成了具有自身特色的理念文化。

1. 办学理念

办学理念是学校成员对学校的理性认识、理想追求及教育观念的复合体，是沉淀了学校的历史传统，体现校长和广大教师共同愿景的教育思想体系。办学理念从学校历史土壤中生长，既来源于办学实践，又作用于办学实践。

（1）办学理念从历史土壤中生长

1995 年，笔者创办了保定市青年艺术学校。那时，河北省乃至全国民办学校寥寥无几，对于民办学校的创办和发展，国家尚未出台相关政策，而且当时我国只有两所公办美术类中学，规模小且侧重于培养职业型人才，没有多少可以借鉴的经验。

笔者参加过竞争激烈的艺术高考，同时具有艺术院校从教经历，深知艺术高考背后的困难和问题。1997 年，为了让美术生得到系统专业的培养，也为了适应 20 世纪 90 年代因社会、经济、文化发展带来的审美需求的急速增长，笔者在资金短缺、生源薄弱、师资缺乏三重压力下创办了保定市美术中学。

2004 年，笔者在人大附中学习时，刘彭芝校长赠书《人生为一大事来》。笔者读后深有感触，为刘彭芝校长“生为教育来，死为教育去”的教育初心所折服。于是笔者把“人生为一大事来”这七个大字篆刻在办公室墙面上作为座右铭，愿倾注毕生心血与智慧，“为教育之大事来，做教育之大事去”。

美中从无到有、从小到大、从弱到强的每一步都凝结了全体美中人自力更生、自强不息的努力与坚持，从而确立了学校精神的基调和办学理念的内核。

（2）凝练办学核心理念

办学核心理念是学校精神文化的核心，是学校“文脉”的主线。经过对学校历史文化的系统总结和反思以及对当前发展形势的分析，美中明确了学校的办学核心理念，即自觉肩负“为未来的画家、设计大师奠基”的使命，秉持“让有幸来到美术中学的学生全部考入八大美院、著名艺术院校、重点大学，并期望其主宰自己一生的命运，支撑未来中国的美术事业”的办学理想，确立了“自己创造未来”的校训。

“为未来的画家、设计大师奠基”是美中自创立之日起就担负起的社会责任和时代使命。作为一所美术特色高中，美中致力于美术拔尖创新人才培养的研究，努力培养人生规划师应具备的自主、自发、自觉锻造生命完整成长的能力，培养社会精英应具备的选择力、审美力、表达力、合作力、创新力、领导力，培养优秀公民应具备的家国情怀、现代意识、领袖气质，培养支撑中国未来美术事业的画家、设计大师应具备的人生格局、国际视野、大师风范。

2. 办学愿景：为全球学校贡献价值

“构建人类命运共同体”是我国明确提出的治国理政方针理论。党的十八大后，习近平总书记向全世界多次发出构建人类命运共同体的倡议。2017 年 2 月，“构建人类命运共同体”理念被写入联合国决议，成为世界普遍认同的发展理念。2017 年 10 月，党的十九大再次明确了“坚持推动构建人类命运共同体”的任务，要求“统筹国内国际两个大局”，“做全球发展的贡献者”。“构建人类命运共同体”的国家和全球发展战略，对基础教育特别是中学教育提出了非常高的要求。教育部颁布的《国家中长期教育改革和发展规划纲要（2010—2020 年）》中也曾提出“适应国家经济社会对外开放的要求，培养大批具有国际视野、通晓国际规则、能够参与国际事务和国际竞争的国际化人才”。

美中自觉践行习近平总书记“构建人类命运共同体”重要思想，基于我国和当前国际的人才培养目标，确立新型办学观、育人观和质量观，努力建设成为真正的世界一流中学，培养具有全球胜任力的合作型创新人才，做全球学校的价值贡献者和引领者。一方面为全球学校贡献自教育思想，一方面贡献美术拔尖创新人才的培养模式，引领专门人才培养的创新发展，从而最终实现人的自由而全面的发展。

3. 培养目标：成就终身发展和完整成长的人

自教育的培养目标也就是自教育的合一目标，即终身发展与完整成长。

“终身发展”指学校教育帮助学生树立终身发展的意识，培养其终身发展的能力。“完整成长”指培养学生的道德与品质、学习与能力、运动与健康、艺术与审美、劳动与创造的能力，意味着每一名学生都是丰满、立体、有生命气息的人，意味着一个人的教育历程是知识增长、视野拓宽、责任增强、心灵涤荡、体格健美、事业成长的生命历练过程。在这个过程中，学生收获了自信和感动，懂得了欣赏和尊重，学会了自我规划和自我发展，形成了积极的、光明的内心世界，为以后的幸福人生奠定了坚实的基础。

美中培养的人最终是走向未来的人，不仅要有面向未来的知识与能力，也要在创造未来的过程中关注到自身成长的完整性，不仅要有“聪明的脑”，也要有“温暖的心”，不仅需要“野蛮体魄”，也需要“文明精神”，实现个人德智体美劳的全面发展，培育完全人格。

4. 一训三风

学校的文化精神和办学理念集中体现在学校的校训、校风、教风和学风上，它所具有的内在驱动力以及对社会所产生的巨大影响力，有力地推动了学校事业的快速发展和科学发展。

（1）校训：自己创造未来

校训是一个学校的灵魂，它体现了一所学校的办学传统，代表着学校的文化精神和教育理念，是人文精神的高度凝练，是学校历史和文化的积淀。“自己创造未来”作为美中文化精神和办学理念的概括和总结，由贺宇良校长结合团队的思考拟定。

“自己创造未来”对于教师而言，就是要帮助学生发展，重视与培养学生关注自身的发展，成为有发展自觉的人，并在帮助学生发展的同时，不断发展和完善自己。教师应是自觉追求自我发展和完善的人，是一个追求持续发展的人，不能自主发展的教师不可能成为优秀教师。“自己创造未来”对于学生而言，意味着要唤醒学生的生命自觉，增强学生的自主发展意识，培养学生自主学习、自我修炼、自强自立的综合素质，成为德智体美劳全面发展的一代新人，为“自己创造未来”奠定坚实的基础。

(2) 校风：自由自在、自觉自愿、自治自励、自立自强

校风是一所学校师生员工所共同具有的理想追求、人生志向、目标愿望、行为习惯等多种因素的综合体现，是广大师生共同表征的精神状态和自觉遵守的行为规范。

自由是指人的意志自由、存在和发展的自由，是人类社会的美好向往，也是马克思主义追求的社会价值目标。“自由自在”是指学校为师生发展创造民主自由的空间，从而唤起师生自由自在的人格境界。美中师生共同将学校营造成为民主自由的生命场，在自由的场域，充分发挥自身的能动作用，主动将学校的办学理念融入内心，成为自觉自愿坚守的价值观，并将内化于心的价值观真正践之于行，“自治自励、自信自强”，将个体的创造力最大限度地激发出来。

(3) 教风：自觉觉人、自省省人、自律律人、自利利人

教风是教师的德与才的统一表现，是教师核心素质的外在表象，是其精神面貌、职业操守、专业知识水平与教师专业技能等要素的综合体现。①

“自觉觉人、自省省人、自律律人、自利利人”的教风，充分体现了社会主义核心价值观的本质特征和为实现中华民族伟大复兴中国梦培育英才的使命担当。美中所有教师，在教育教学活动中，适应时代要求，牢记使命担当，大胆实践探索，加强业务学习，坚持与时俱进，努力追求真理，用“自觉觉人、自省省人”的臂膀，用“自律律人、自利利人”的态度，在新时代开拓新的境

---

① 金文斌．加强教风学风建设　提高人才培养质量［J］．中国高等教育．2013（11）：59.

界，以自身的成长引领学生的发展。

（4）学风：自学自悟、自动自发、自始至终、自然而然

学风是一所学校的生命线和灵魂。从狭义来讲，学风是指学生的学习风气，尤指学生对待学习的态度，具体表现在学生的学习行为和习惯上。从广义来讲，学风则包括与学生的学习和成才相关的各个方面，如学校的文化氛围、教师的治学态度等。① 韦家强认为，学风是指学生集体在学习过程中表现出来的学习态度和方法，是学生在长期的学习过程中形成的学习习惯、卫生习惯、行为习惯等方面的表现。学风是学生应有的学习态度、精神与行为准则。②

“自学自悟、自动自发、自始至终、自然而然”就是指学生从自身需要出发，以自我为主体，自动自发地进行探索、研究，自然而然地认识自己、完善自己和发展自己，并作为今后自教自学的努力方向。它既体现了学与思、知与行的辩证关系，也体现了美中培养具有较强学习能力、实践能力和创新能力的高素质人才的奋斗目标。

（二）构建彰显自教育本质的“自觉”文化

“学校自觉的文化，是指一种以理性自觉的思维方式，批判性、反思性探究知识的方式，以教学为本，肯定人的自由本性，师生主体间和谐共在为背景所构成的学校场域中人之自觉的存在方式与行为活动的机理、图式。”③ 这种学校自觉文化充分彰显了自主性、能动性、选择性、超越性等自教育的本质特征。具体体现在教育主体对生命意义的自觉、对教育价值的自觉、对理论思维的自觉和对实践探索的自觉。

1. 对生命意义的自觉

在步入数字化、信息化、网络化的时代，机遇与挑战并存，培养具有生命自觉的、主动应对挑战的人尤为重要。叶澜教授呼吁把培养生命自觉的新人作

---

① 梁雯．浅谈高职院校学风建设现状与策略［J］．现代交际，2017（21）：139.

② 韦家强．加强校风建设 弘扬向上向善的精神［J］．教育观察（下半月），2014（17）：5—6.

③ 张小刚，任凤芹．学校文化精神：从自在走向自觉——文化哲学的视角［J］．教育导刊，2016（2）：12.

为基础教育的核心价值观。①

基于对生命意义的自觉，校长作为学校的管理者，在教育教学改革过程中应自觉对学校现有的管理体制、机制和制度，以及学校的组织架构进行审视和反思，从而保证学校的各项体制、机制、制度等充分满足培植师生生命自觉的需要。

教师也只有具有生命自觉，才能成为学生生命自觉的引领者。教师生命自觉一方面体现在教师通过对教育与生命关系的反思，激发起对教育生命的热情渴望，进入到怡然自得的生命状态；另一方面体现在教师在自探、自觉、自悟的基础上自行、自得，发自内心地、主动地寻求专业的发展与突破。

作为学生，也要葆有生命自觉，清醒地认知自己是不同于他人的存在，做一个能为自己的思想行为独立“埋单”的现代公民，并且应自觉地整合有利于生命成长的优势资源，能够“吾日三省吾身”，反思和发现各种不利因素，自觉地给予规避和消解，不断增长生命的智慧，增强生存与发展的正能量。

2015 年以文化课成绩超出录取分数线 80 分考入清华大学的宋艺同学，在回忆时曾说：“在美术中学的学习生活，为我搭建了通往梦想的阶梯；生命课堂的锻炼，为我积蓄了完成梦想的能量；自教育的管理模式，让我综合发展，不断完善着自我。”宋艺说：“以前的学校，无论大事小事，全是老师当家做主，班长管纪律，学习委员收发作业，卫生委员检查卫生，劳动委员监督劳动等。在那样的学校里，我们只要按照老师的话做就行了，没有自己的思想，更没有属于自己的行动。但这里截然不同，我们是自己的主人，是班级的主人，更是学校的主人，班里大大小小的事，都要我们拿主意。我们逐渐有了自己的思想，有了自己的主张。虽然事情很多，但我乐在其中。”

“我就是奔清华来的。”与宋艺同年考入清华大学的周勤说他的中考成绩只有 400 多分，虽然从小喜欢美术，梦想考入清华大学，但以他的成绩基本不可能实现。进入美中后，周勤被“生命课堂”深深吸引，更被学校充分放手、让

---

① 叶澜．“生命·实践”教育学派——在回归与突破中生成［J］．教育学报，2013（5）．

学生自主管理的方式所折服。“这里的课堂非常活跃，刚开始我不爱说话，后来受课堂感染以及老师的引导，慢慢学会和老师、同学们进行互动，并在一次次的互动中加深了对知识的理解，成绩也稳步提高。”他说，“特别是英语课，刚上高一时英语成绩并不好，底子薄，学习兴趣也不高，在老师的引导下，慢慢产生了学习英语的热情，由想学变成会学，最后取得了 119 分的好成绩。”周勤说，“在美中的三年，我不仅收获了知识，更收获了管理自己的能力。”在这里，学生们不再是为了应试的“学习机器”，而是自主学习、自主管理的生命个体。

2. 对教育价值的自觉

教育价值是指作为客体的教育满足作为主体的人与社会的需要的特性。教育本身价值取向就是以人的自我生成为教育的价值取向，教育价值的生成就是作为有意识的、自觉自由的人的自我生成。由此看来，教育的价值是要促进人的自我生成，即要通过教育，促使人自我建构、自我发展、自我成长。

对校长而言，要时刻思考“什么是教育的成功”“什么是学校的使命”，要让学校的灵魂成为师生的灵魂、学校的精神成为师生的精神、学校的教育价值成为师生的共同追求。对于教师来说，便是要促进学生积极主动向外自我探索外部世界和向内自我探求内心世界的能力。教师要做的就是促进学生的自我发展，促进学生认识外部世界，促进学生认识自我的内心世界，从而促进学生完整人格的形成。

79 岁仍坚守工作岗位的于连秀老师，堪称美中的“传奇人物”。她从学校办学之初就在这里工作，从最初的班主任、任课老师，到后来的图书馆管理员，在每一个工作岗位上她都尽职尽责，守护和陪伴了学校 22 年，被新入职的员工亲切地称为“于奶奶”。她就像美中的一位大家长，有她在，学校就会增添一份家的稳定温馨感，新来的老师都愿意跟她谈话、聊天，愿意从她那里探寻美中过往的点点滴滴。相较很多 50 岁就进入退休养老状态的人来说，于老师年近 80 仍在工作，仍在与老师、同学的交流中自觉学习新鲜事物，自觉成长自我，从而成为全体教师坚守教育价值的榜样。

3. 对理论思维的自觉

在新课程改革深入推进的过程中，改革理论设计者和中小学教师们常会觉得自己陷入了“理论与实践张力”困境：一方面教师们觉得改革理论难以有效地解决他们的教育教学问题，甚至觉得理论无用；另一方面改革者感觉自己的改革理论常常遭到教师们或间接或直接的抵制，而且这种抵制已成为制约改革有效推进的重要因素。① 因此，关注校长、教师对新课程改革的风险忧虑，反思如何促进校长、教师积极主动地投身课程改革已经成为亟须解决的问题。

校长要自觉形成对理论思维的追求。要登上教育的高峰，就要实现对理论思维的自觉。重视理论思考，要经常把看似常规的现象“问题化”，把朦胧的感觉清晰化，把感性的认识理性化，把零碎的体验系统化，把分散的观点结构化，把内在的心得外显化。教师的理论自觉意味着教师以一种独立思想精神和批判态度对待其日常教育教学实践、同行专家教师优秀经验与教育专家及其创生的教育理论。

美中的教师秉承“教研结合”的科研策略，从教学中发现问题，以问题形成课题研究，以研究结果促进问题解决。全员开展群体性校本科研，有效开展“教学即研究、问题即课题”的小课题研究。目前，学校每年都会出版教师的小课题集，近两年共承担了四项省级课题和四项市级课题。

4. 对实践探索的自觉

教育实践是教育思想的旨归。学校“自觉”文化作用落实的过程也是学校中每一个人对学校文化的自我认识深化和扩大的过程，是对教育实践不断探索的过程。

以学校的年级文化的自觉构建为例，目前，美中各年级形成了“自治的年级，自立的个人”年级文化，每个年级分为两个平行级部，级部成为相对独立的管理单元，并拥有了更大的权利和自由。三个年级高度自治，自己规划、验评、反思日常管理工作及教学活动。年级中每位老师、每位学生都是自教育体系下的实践者。以人的自主管理为目标，各个年级成立了不同层次、不同内

① 程良宏．论教师的理论自觉及其养成［J］．全球教育展望，2011（10）：48.

容、不同性质的自主管理组织，如年级自治委员会、家校共育委员会、学生自治委员会和年级验评自治委员会。各年级也充分利用环境的教育功能，将每楼层教室外侧打造成展示学校思想和年级文化的特色长廊，使年级内的每一位教师和学生将这些思想和文化真正内化于心，从而践之于行。

（三）构建促进自主成长的“反思”文化

自教育体现在管理上，即给师生提供自我教育的机制，激发师生的内在潜力，发挥师生的创造性，通过自主管理、自主发展，让师生主动成为自我的领导者。而师生的自主反思则是由他律转为自律，成为自身成长的重要方式，日渐形成的反思文化也已成为学校文化的重要组成部分。

美中从师生进行反思的“物质文化、规范文化、观念文化”三方面入手，营造反思的氛围，明确反思的参照，提供反思的平台，为教师反思创造良好的环境。

1. 营造反思的氛围

反思的实质是一种自我反省，是一种自我觉醒、自我完善、自我批判的内因式自我革命。学校坚持“以人为本”的原则，充分发挥教师的主动性、创造性，通过民主协商和反复研讨制定出科学合理的反思制度。在反思过程中，对反思制度不断地修正和改进，直至形成科学合理完善的反思制度。通过培训和宣传营造氛围，提高师生对反思制度的认同感和理解力，让师生更深切地感受到学校反思制度所要达到的愿景，提高师生反思的主动执行力。

2. 明确反思的参照

有效的反思，要规定明确的反思内容和反思标准，使师生能够重新审视自我、发现自我，使成功的经验得到及时总结和升华，缺点和不足得到及时有效的改正。

学校坚持“以人为本”的原则，充分发挥教师的主动性、创造性，通过民主协商和反复研讨制定出科学合理的“一日两反思”（上午：级部反思，下午：学科反思）制度，让老师们可以时时对标，有所参照，使反思成为教师专业成长的助推器，成为引领教师全面发展的明灯。同时，在学生中开设自主反思课程，明确课程实施方案、评价标准。

3. 提供反思的平台

学校努力为师生的反思创设平台。如以教研组、年级备课组为单位，开设各级各类观摩课、示范课，课后对教育教学的各个环节进行观摩，集体就教育教学的各个环节进行深入的研讨与反思，形成教研成果。充分发挥学术委员会的引领作用，以校本教研为抓手，由教师自愿组建研究共同体，学术委员会的领导、专家在研究过程中给予一定的指导，并提供必要的帮助和支持，以实现校本教研的最初愿景。同时，构建了学生反思链，即一日两反思、周反思、月反思、学期反思；建立了班级反思栏、年级反思板等反思阵地；通过“反思日记、详细描述、交流讨论、行动研究”等方式，真正实现在反思中感悟成长。

4. 拓展反思的形式

学校充分利用升旗后反思、行政会反思、批评与自我批评等多种形式促进师生时时反省自身。

本学期学校在干部、教师中间着重开展了批评与自我批评，取得了显著成效。如每一位中层干部围绕自己所负责的业务工作和管理工作的优劣进行检查，进而反思自己的业务水平、管理能力、思想作风、导向意识、人际关系等，找出自身存在的主要缺点，并虚心听取来自上下级的批评意见。每一位教师以部门领导为榜样，消除顾虑，敞开心扉，真心实意地给他人提意见，同时也深刻剖析自身的问题，从而在校内形成和谐共进的良好氛围。

自教育文化以其独特的文化内涵与办学理念深深影响着我校的每一位师生。自教育文化，有校徽、校旗、校歌、校服、环境、制度这样的显性标识，也有校风、教风、学风、氛围、理念等隐性的标志。培养学生自主学习、自我探索、自我激励、自我监控、自我评价、自我管理等一切以“自”为出发点的教育觉悟，在教学过程乃至整个教育中，学生在“自己创造未来”校训的精神熏陶中，对学习产生自我觉察与管理的主动性与积极性，进而逐步培养起“自己为自己负责任”的学习态度。当每一位师生都自觉地践行自教育文化的内涵与理念时，当师生在学习或工作中时刻反思自己的成长时，学校整体的文化氛围自然会进一步向着既定的目标继续发扬光大。但文化建设作为一项长期的、复杂的系统工程，我们仍需在自教育的实践中进一步发展和完善，从而以学校文化浸润师生心灵，将学校打造成为一所面向未来的“有故事、有味道、有思想、有主张”的学校，致力于为全球学校贡献价值！

（原载《创新人才教育》，2019 年 9 月）

把“自本课堂”搬到线上

新冠肺炎疫情肆虐时期，学生居家自学成为常态，他们自主制订每天、每周的学习计划，合理安排自己的学习和娱乐时间；制定自律措施，主动邀请家长和老师监督；每天自觉提交学习成果，有问题及时向老师、同学求助。

对于大多数学生而言，延期开学为他们提供了一个弯道超车的好机会。而保定市美术中学的学生通过自我定标、自我实施、自我反馈、自我激励等方式，在家学习有序进行。

没有了学校里的约束，学生为什么能够轻松适应这种自主学习的生活？这很大程度上得益于我们学校长期以来落实的自教育思想。

自教育既是价值观，也是方法论，经过多年的实践、发展已经内化到每一位师生心中。这次疫情，让大家深刻认识到，离开学校和教师之后，自教育意识和自教育能力使学生依然能够更加有效的学习。同时也证明，自教育通过疫情的考验，在特殊时期凸显了自身的价值，也使我们美中人更加坚定了对自教育的信心。

自教育思想下的“自本课堂”有两大意象：一是牧羊人，“自本课堂”下的教师甘做牧者，不做纤夫，教师的重要职责是将学生带到“水草丰美”的知识天地，让学生自由自主地体验学习的快乐；二是师生一起寻找水源，“自本课堂”摒弃过去“教师给学生一碗水，自己要有一桶水”的理念，而是转身成为和学生一起寻找水源的人。

如今的在线学习很好地呈现了这样的场景。早在春节期间，全校各学科教师就拿出了网络授课的计划，学校还专门成立了网络教学共同体，共同体内教师不做“麦霸”，以学习平台为主，微信及 QQ 为辅，充分互动交流，将教室里的“自本课堂”搬到线上。

线上教学遵守学校作息时间，文化课和专业课交叉进行。线上教学采用问题驱动模式，教师通过设计问题吸引学生的注意力，启发、引导学生自主学习、主动思考，鼓励小组合作探究。

线上教学增强了师师、师生和生生间的互动，而不仅仅拘泥于单一的直播形式。教师要结合学生的现有学习和环境，探索学生能够主动参与、具有创造性的学习方式，实现在线互动讨论、协作探究式学习。

需要说明的是，“停课不停学”不仅仅是知识的学习，教师还要引导学生学会做人、学会学习、学会生活、学会感恩。因此，除了每天的常规教学之外，各班积极组织课余活动，如每天晚上 7 点观看《新闻联播》，及时了解疫情动态，感受一线医护工作者的坚守与奉献；每天组织学生跳健身操，培养学生树立健身意识，增强体质；每天参加一项家务劳动，树立劳动意识，提高自身生活技能；每周召开一次网络班会课，以小组为单位轮流主持，可邀请家长参加，锻炼学生的领导力、表达力、合作力。此外，学校还举办“致敬抗疫英雄书画展”活动，全校师生踊跃参加，翰墨寄情，水彩献礼，致敬战“疫”英雄。

有学生在作文中这样写道：“在这加长版的假期，每个人都在发生着变化。看到老师们辛苦备课，爸爸妈妈每天无微不至的关怀和陪伴，医生、护士们勇敢逆行，我还有什么理由不好好学习呢？我们相信，在自律中蕴藏着无限的可能，让我们自律自立，共渡难关！”

（原载《中国教师报》，2020 年 2 月）

构建新时代中小学劳动教育文化环境的四要素

2020年3月，中共中央、国务院发布《关于全面加强新时代大中小学劳动教育的意见》（以下简称《意见》），指出把劳动教育纳入人才培养的全过程，贯通大中小学各学段，这体现了劳动教育在新时期教育事业发展中的重要地位。劳动教育是一项系统性工程，离不开环境的支撑、熏陶与反馈，因此，学校不仅要从课程、教学角度抓劳动教育，更需要从文化大环境的角度出发，构建一个系统性与内在一致性兼具的学校劳动教育文化环境，实现劳动教育价值的最大化。

一、物质文化是支撑

学校物质文化表现为实体性的物化存在，是学校直接的外在表现，是学校文化存在和发展的基础。《意见》提出，要广泛开展劳动教育实践活动，要求学校在发展劳动教育过程中明确实施机构和人员，开齐开足劳动教育课程，适当组织学生走向社会，开展校外劳动锻炼。这就要求学校发挥物质环境的载体功能。一是通过物质载体的建设，为劳动教育的有效实施提供广阔的平台。如，学校内外多元劳动场域的开设、系统化劳动课程的构建、多类主体人员保障措施的实施等，可以形成多部门、多载体、多形式共同培育学生劳动价值观的合力，拓宽劳动教育形式。二是学校物质文化建设为劳动教育的实施提供了鲜活的元素，进一步丰富了劳动教育的实践内容，可以为劳动教育的深入进行提供有力抓手。

我校在劳动教育课程的开发、实施方面，建立了坚实的部门保障。首先，设立了课程发展指导中心，有效参与开发和实施学校课程建设，完善学校劳动教育课程体系。同时，负责建立完善的课程治理和运行机制，协调各年级课程执行情况，为保障学校劳动教育课程体系的下达完成提供了支持。其次，学校医务室24小时安排专人值班，随时待命，为保障学生安全健康做好充足准备。总务处为劳动教育课程的开设提供工具、场地、素材等后备保障。此外，学校还积极探索与校外公益机构合作，建立公益劳动教育基地，提升劳动教育的实际效果。

二、精神文化是引领

学校的精神文化往往是学校全体成员发挥集体智慧的顶层设计，包括学校的办学理念、发展定位、育人目标等。学校精神文化的构建，能够在学校形成浓厚的劳动氛围，在此种劳动氛围下，学生潜移默化地接受熏陶和感染，以“润物细无声”的形式实现劳动教育的引导。构建劳动教育精神文化环境就要把握劳动教育的基本内涵，凝练学校劳动理念，明确劳动教育总体目标，并将劳动教育融入学校的理念、定位和育人目标之中，从而使学校形成一致的劳动教育价值观。

我校在开展劳动教育的过程中，充分挖掘办学以来关于努力拼搏、自强不息的典型人物和事例，并以图片、视频、话剧等形式展现，以此激励全校师生树立正确的劳动观念，培养师生勤俭、奋斗、创新、奉献的劳动精神，帮助其养成良好的劳动习惯。此外，基于当下劳动教育的现状，结合学校办学实践，我校提炼出自己的劳动教育课程理念——“自己创造未来”。新时代的劳动教育注重培养学生在劳动中的创造能力与创新能力，体会劳动创造美好生活。“自己创造未来”这一理念正是要唤醒学生的生命自觉，增强学生自主发展的意识，培养学生自我服务、自我管理、自我创造的素质与能力，发挥以劳树德、以劳增智、以劳强体、以劳育美、以劳创造的综合育人价值。学校明确制定了“培育学生劳动素养”（包括劳动认知、劳动态度、劳动能力）的总体目标，并以课程和各种活动予以贯彻执行。

三、行为文化是媒介

学校行为文化是学校实践过程中展现的行为方式，是运用行为科学的有关理论来指导学校的制度机制建设、师生行为规范、课程实施、教育教学、学校管理等，从而有效改变师生的态度行为。行为文化是开展劳动教育的重要媒介。劳动教育的有效实施，既需要精神层面的引导影响，同时也需要外在的行为来影响客观环境。劳动教育通过对个体实践创造精神的培养，最终使之形成正确的行为方式与价值观念。构建劳动教育行为文化环境，可以通过精神文化潜移默化地将积极正向的劳动价值观传递至每一位师生的心中，并进一步内化为自身的素养。自身素养的提升会逐渐外化为行为表达，各主体的行为表达再通过交互式反馈进行检验，给予肯定或调整。我校充分调动学生、教师、校长、家长四类主体的作用，投入到劳动教育的实践中。基于“培养学生自我服务、自我管理、自我创造的素质与能力”的劳动理念，学校开展了校园美化主题劳动教育活动（师生积极投入到学校物质文化的创设和维护中）、教室美化主题劳动教育活动（师生共同参与幸福教室的打造，开展各项文化布置工作）、楼道美化主题劳动教育活动（师生作为楼道文化建设的主体，自主创意、自主设计、自主施工）、卫生间管理劳动教育活动（全体师生加入卫生间管理工作，做到“卫生间管理”人人参与，后勤服务中心指导学生参与卫生间的清扫与维护）。通过各项主题活动的开展，内化理念于心，外化素质于行。此外，充分发挥家长的优势，让家长参与设计、开展劳动教育课程，增强了劳动教育的社会性、实践性。

四、制度文化是保障

学校制度文化是学校师生共同认可并遵守的道德标准和行为规范。制度文化是开展劳动教育的基本保障。学校劳动教育制度环境的积极构建有助于明确学校劳动教育方向，充分发挥劳动教育的功能。在劳动教育实施过程中，往往会有活动娱乐性偏多而启迪性不足、忽视劳动教育导向等问题，劳动教育问题的出现亟须制度的约束与规范。构建劳动教育制度文化环境，需要加强劳动教育的系统性和科学性，完善评价机制与奖励机制，使学生在劳动过程中既能展示自我，又能增强服务他人、服务社会的意识。我校在完善学校劳动教育方案的过程中，特别关注对劳动教育课程标准和学生评价标准的建立，并积极探索和研究劳动教育相关奖学金和荣誉评选实施细则。通过各项制度的建立，正确制定劳动教育发展方向，发挥制度的激励作用，引导师生转变意识行为，逐渐变外在规约为内在自觉，真正做到崇尚劳动、尊重劳动。同时，通过制度建设营造浓厚的劳动教育氛围，涵养深厚的劳动情怀。

（原载《河北教育》，2020 年 5 月）

疫情之下，凸显自教育价值

作为教育部第二期中小学名校长领航班学员、教育部中学校长培训中心第7期全国优秀中学校长高级研究班学员，以及河北省首届教育家型校长培养工程学员，我结合众多专家、导师的共商、引领和教师团队的思考，凝练出一个共识性的教育思想——自教育。

自教育既是价值观，也是方法论，经过多年的实践、发展已经内化到每一位师生心中。这次疫情，让大家深刻认识到，离开学校和教师之后，自教育意识和自教育能力使学生依然能够有效学习、实现完整成长。同时也证明，自教育通过疫情的考验，在特殊时期凸显了自身的价值，这也使保定市美术中学（以下简称“美中”）的师生员工更加坚定了对自教育的信心。

一、四线作战，五育并举

疫情防控期间，美中坚持防控、网络教学、教师成长、干部研讨四条战线同时作战，坚持五育并举，充分彰显了全体干部、师生自觉参与、自觉配合、自觉激励、主动合作的自教育精神。

联防联控，“大于号”管理。2003年，美中党支部被评为河北省防治非典型肺炎工作先进基层党组织。基于防治“非典”的成功经验，学校将此次疫情防控工作作为转变教育思想、转变育人方式的重要契机，除严格落实各项防控要求外，坚持“大于号”管理，让干部、教师于危机中铸就崇高的人格和勇于担当的精神，让学生懂得居于有限空间也要胸怀天下。

网络授课，一课一直播。美中的学生面临着文化和专业学习的双重任务。为此，2020年正月初二，教学处、级部主任、学科主任、班主任、任课教师就制定了新学期网络教学方案，并坚持一课一直播。正月初三，高三专业课网络教学上线。正月初八，高三文化课网络教学上线。正月十六，高一、高二全部开启线上教学模式。课程的设置坚持五育并举，涵盖了音体美、信息、科学、传统文化、劳动技术等课程，让每一个家庭成为一所学校，每一个房间成为一间教室，将生命教育、公共安全教育、心理健康教育等渗透其中。

教师成长，自觉自发。文化和专业教师分别开展成长节，利用自本课堂模式分小组进行学期总结、计划工作的 PK（对决）。从 PK 方案的制定、课堂流程的设计、课中评价的实施，包括奖项及奖品的设置等，全部由各个教师自成长共同体自组织、自运转。

干部研讨，两校 PK。美术中学、八一分校利用十个半天就三年发展规划、文化体系、课程体系、治理体系、德育方案、体育方案、美育方案、劳育方案、学期总结计划、拔尖创新班方案等十大核心工作展开 PK。在工作 PK 中，注重了课程意识的加强、仪式感的提升、问题的发现以及评价机制的建立。

二、疫情过后，实践纵深

不管教育的场景在哪里，教育的样态如何转变，教育的最终目的在于它的意义。自教育的终极目标是培养终身发展和完整成长的人，这个“人”字既指向教师和学生，也指向学校的管理人员和家长。为此，美中在后疫情时代将在事关学校整体运转的组织变革，事关学生完整成长的课程建设，事关干部、教师发展的成长链条完善等方面持续发力、精准发力，深化实践。

（一）拓展自组织机制

疫情期间，美中一直运行的扁平化管理架构和共同体建设显示出了非常大的优势，我相信这也是学校组织形态变革的必然。无论是正月初八之后一周的成长节，还是正月十七后的复课，每一个成长共同体都在小组负责人的带动下，主动认领项目，实时组内研讨，实现了所有与工作相关的对话、文件、成果的可视化、透明化。这是我们自教育的创新实践，是我们自组织的成效初显。

在接下来的工作中，美中的治理体系变革、自教育课程开发、自本课堂构建、自教育课题研究等都将设立专门的自组织。不仅组织是自教育组织，过程也是自教育的形式，由此实现自教育对学校工作的全面引领。

（二）细化自本课堂五环节

自本课堂主要总结为“思维生长五环节”模式。以自主学习、讨论展示、检测反馈三个主要阶段为基本结构框架，以学案贯穿整个教学过程，以课前的备课组集体备课和课上的小组建设为基本载体，以目标导学、自主学习、合作探究、分组展示、当堂达标五个教学环节为基本节点，通过教师点拨、引导、帮助，学生独学、对学、群学、展示、交流、质疑、对抗、选择、归纳、检测，师生交流、助学等形式，优化学习方法，提高学习能力和学习效率。

后疫情时代，线上线下融合教育将是学生学习的一种基本样态。自本课堂的五环节设置不仅着眼于有形的课堂，而且更加关注无形的学习方式和学习观念，着眼于有效互动大课堂的构建和实践，从而打造师生、生生灵活互动的智慧课堂，让学习随时发生。

（三）构建自教育课程体系

自教育既重视学生的主动发展，又重视教师、校长、家长的主动发展，在成就学生的同时，成就教师、校长、家长。倡导教师、校长、家长做专业发展的主人，做职业生涯发展的主人，以自身的主动发展引领学生的自主成长。因此，学校的课程研发不只局限于学生自教育课程，更是拓展到教师、校长、家长等角色的自教育课程。

在这四类自教育主体课程的研发中，主要采取了“自建构”和“建构自”双向并行、互为补充的方式。“自建构”主要从课程研发的主体来讲，指的是学生、教师、校长、家长作为课程建构的主体，参与课程思想的凝练、课程内容的建构、课程方法的设计和课程资源的开发。“建构自”主要从课程建构的内容来讲，指的是建构让学生、教师、校长、家长能够实现“自我认识、自我悦纳、自我规划、自我完善”的课程，使其明晰自我概念、提高自我意识、确立自我形象、增强自我力量，着眼于每一类教育主体终身发展和生命的完整成长。同时，系统地规划和建设线上课程资源平台以及相应的课程评价机制。

（四）打造干部、教师成长新样态

教育的生命力在于教师的成长。美中在干部成长、教师队伍建设方面不断调整思路，创新路径，减少制度的管控性约束，以激励、引领、和谐为核心，努力搭建教师成长平台。构建了教师发展的自主成长机制，形成了教师自成长链（自育、他育、博育）和他成长链（日反思会、周成长课、月成长汇、学期成长节），打造干部、教师成长的新样态。

教师要努力成长为学生“知识情境的策展人”和“学习行为的设计师”，引领学生适应面向不同挑战的终身学习。引导学生有能力去解决现在还没有出现的问题，去发明现在还不曾有的技术，去创造现在还不能想象的学习、生活，去掌控未来的人生。

三、且行且思，理论升华

在自教育思想的形成过程中，理论和实践相互穿插，理论指导实践，实践又反过来促进了理论精华的总结和提升，两者相辅相成，共同推动了自教育思想的发展与完善。

疫情之下，我们的教育面临着前所未有的变革。我们要在这场教育变革中敢担当，有作为，既要俯下身去实践，做这场教育变革的参与者和记录者，也要抬起头来看路，成为这场教育变革的观察者和研究者。自觉形成对理论思维的追求，重视理论思考，把疫情期间的教育现象“问题化”，把朦胧的感觉清晰化，把感性的认识理性化，把零碎的体验系统化，把分散的观点结构化，把内在的心得外显化。进而，以理论指导实践，颠覆传统的教育模式，重构课程体系，重构课堂形态，重构评价制度，为全国基础教育变革贡献智慧和价值。

基于“自教育”思想的学校创新发展

办学理念是学校成员对学校的理性认识、理想追求及教育观念的复合体，是沉淀了学校的历史传统，反映学校的社区背景，以及校长和广大教师共同愿景的教育思想体系。办学理念从学校历史土壤中生长，既来源于办学实践又作用于办学实践。每一所学校都需要凝练出自己的办学理念，指引学校未来发展的方向。

保定市美术中学（以下简称“美中”）在长期的办学实践和课改探索中，凝练出具有共识性的自教育思想，以此为办学理念指导学校文化管理、课程、课堂、教师发展及学生成长等方面的创新探索．并在探索实践中不断丰富、不断发展和不断完善。

一、自教育思想缘起

基于问题。近年来，人们逐步认识到“传统教育中存在太多包办和替代现象”这个问题的严重性，提出学生不仅是教育对象，也是教育主体，强调要发挥学生的主体作用，但在做法上仍未完全摆脱传统教育的消极影响。通过对教育弊端的反思，笔者认识到，提出和实践自教育不仅是对教育弊端的纠正，更是拓展教育主体的要求。

基于趋势。随着互联网时代的到来，“自时代”的序幕迅速拉开。“自组织”“自平台”“自课程”“自学习”等层出不穷，学习资源空前丰富，教育从封闭走向开放，人们随时随地可获取所需要的学习资源。学习已变成一项可以自我主导、自我管理并自我完成的任务。

基于实践。在引领学校不断发展的过程中，通过自主创业、自主成长的经历，笔者深深意识到，无论是校长，还是教师和学生，具有自教育的意识和能力是何等重要。

因此，美中一直在校内践行自主学习、自主管理的理念。学生是学习的主人，在课堂上高度自主，自主预习功课、自主组织教学、自主展示成果等。学生是自主管理的主体，自主组织升旗仪式、管理班级、管理书吧、组织家长会等。通过一系列自主学习、自主管理活动，学生提升了自我教育的意识和能力。

由此，自教育的理论和实践相互穿插，理论指导实践，又从实践中总结、提升出理论的精华，两者相互依存、相互促进，共同推动自教育思想在学校的发展壮大。

二、自教育思想阐释

自教育的校本化定义。美中教师团队融合新时代元素，对自教育进行了校本化的定义。自教育是指作为主体的人，自己把自己作为教育对象，以影响自我身心发展为直接目标的活动。个体自身发展的需求是自教育的起因和动力，个体基于内在需求明确目标，为了达成目标实施自教育行为，自发自觉地进行自我调节和自我完善，提高自身素质和技能；同时自教育不排除外部世界和社会环境的影响，个体在外部世界和社会环境中所接触的一切人和物都可能激发其产生兴趣和求知欲，从而引发自我教育行为，主动学习、积极求教，通过自我感知、自我思考、自我判断、自我觉悟内化为自身的经验和技能，实现自我发展。

自教育的过程机理。一切的教育活动都是一个过程，都是以过程的形式存在和发展的。自教育活动的展开也必然表现为一个过程，正确认识和把握自教育过程的本质和规律，是有效开展自教育活动、实现自教育目的的重要保证。自教育始于自我发展意识的觉醒和自教育目标的确立，实施于主体进行的活动与交往中，从而使学生获得发展，产生积极的心理体验。

自教育的特性。一是自教育的三类主体。自教育认为，学校教育应该包括三类主体——校长、教师、学生。校长应该是学校战略的选择者、师生成长的引领者。教师要充分发挥自己的主体性，促进对自我的教育，自觉成为学生自我建构的榜样。学生要能够能动地发展自己的潜能，通过自我设计、自我构建、自我努力逐渐实现自身的成长。二是自教育的合一目标。根据党的教育方针，我校教育团队从历史和现实的教育实际出发认识教育的本质，结合学校的办学实践，提出自教育的合一目标——终身发展与完整成长。从时间上来说，自教育要自始至终贯穿于个体一生，实现个体持续的发展与成长；从空间上来说，自教育的最终目的是实现个体的完整成长，不仅是心理与身体、理性与非理性、人格与能力的完整成长，更重要的是学会自我教育，具备自我教育的能力，实现自身的价值。三是自教育的三项原则。原则构成了行动的基础，又指导了行动，通过行动让你实现生命中的愿望。我校在学校发展的基础上凝练出自教育的三项原则——自由、规则、守一。自由是指一定规则下的自由，注重人的自我解放、自我选择和自我创造；规则是指由教师和学生共同协商制定的行为规范和要求，提倡平等与自愿；守一是指不忘初心，恪守规范，终有成就。

三、自教育驱动下的学校创新发展

自教育既是价值观，也是方法论，指导着教育实践，驱动学校创新发展。

“自然而然，自如其然”——构建自教育学校文化。自教育文化中的每一类主体既是承载者，又是创造者，以自身的言行凝聚成学校共同的价值观，在趋同的价值观中“自如其然”，重塑自我，成就自我。

在自教育文化的构建中，尤其是在理念文化的梳理中，美中确立了“为未来的画家、设计大师奠基”的学校使命、“为全球学校贡献价值”的办学愿景、“培养美术拔尖创新人才”的培养目标。基于这三个方面，美中进一步提炼了学校的“一训三风”，即“自己创造未来”的校训，“自由自在、自觉自愿、自治自励、自立自强”的校风，“自觉觉人、自省省人、自律律人、自利利人”的教风和“自学自悟、自动自发、自始至终、自然而然”的学风。自教育文化作为一种塑造人品质的精神力量，是美中可持续发展的精神导向和内驱力。

“自治自律、自动运转”——创新自教育治理模式。自教育治理是建立在特定目标引导、文化引领完善体制保障下的自我管理，从“要我做”的被动接受到“我应做”的自觉行动转变过程，是内化组织价值目标心底呼唤“我愿做”的过程。我校让每一位师生都具有参与学校治理的自觉性、主动性、创造性，总结出“自定标准、自主承诺、自定奖惩、自查互查、自评互评”的自教育治理二十字方针，这也是自教育治理的五个核心环节。

学校实行扁平化治理，优化组织结构，提高治理效率。不设副校长，减少层级，由校长直接面对学校各职能部门。这些部门向上对校长负责，向下为教师、学生服务，每个部门都是一个完整的治理团队，部门主任是这个团队的领导者。每一个部门都是一个治理共同体和学习共同体。

“自我选择，自我建构”——开发了自教育课程体系。随着自教育理论体系和实践体系的不断深化和发展，学校在课程建设过程中将学生、教师、校长和家长共同作为自教育课程的主体，研发了适应四大主体不同发展需求的自教育课程体系。

在这四类自教育主体课程的研发中，主要采取了“自建构”和“建构自”双向并行互为补充的方式。“自建构”主要从课程研发的主体来讲，指的是学生、教师、校长、家长作为课程建构的主体，参与课程思想的凝练、课程内容的建构、课程方法的设计和课程资源的开发。“建构自”主要从课程建构的内容来讲，指的是建构让学生、教师、校长、家长能够实现“自我认识、自我悦纳、自我规划、自我完善”的课程，使其明晰自我概念，提高自我意识，确立自我形象，增强自我力量，着眼于每一类教育主体终身发展和生命的完整成长。

“自育自觉，自律自主”——形成了“自本课堂”模式。自教育理念转化为具体的办学行为有一条重要的途径，就是课堂教学。美中的课堂教学走过了一个不断改进、纠偏的过程。目前，美中立足课堂教学的本质和学习的本质，基于学生发展的需要，在传承已有课堂改革成果的基础上，突出教学改革的创新点，建构了相对完整的“自本课堂”。“自本课堂”指的是师生共同作为学习者，相互学习、共同提高，达成学习共识，实现生命完整成长的场所。

“自本课堂”打破了师与生、教与学的主体概念，提倡建立和谐的师生关系，即在课堂上，既不是以教师为中心（教师单向传输，学生单向接受），也不是以学生为中心（追求自学和自习，将教室解体为零散的个体），而是以学习为中心，在课堂上形成师生学习共同体。学生主动地建构知识，教师变知识的传输者为学生建构知识的帮助者、引导者、促进者。

“自觉自动，自主成长”搭建了教师自成长的平台。美中突出教师在学校的主体地位，明确提出将人力资源作为学校发展的第一资源，追求教师发展优先，重视教师资源的投入、开发和有效利用。

我校探索了教师的成长路径，即目标导向与生涯规划相结合、教学实践与活动带动相结合、学习提升与科研引领相结合、考核评价与奖励机制相结合，形成了教师自成长链（自育、他育、博育）和他成长链（日反思会、周成长课、月成长汇、学期成长节），助力每一位教师快速成长。

我校探索了美术拔尖创新人才的培养模式。培养创新型人才是基础教育不可推卸的责任，也是自教育思想的实践探索。我校不断创新求变，开设了美术拔尖创新人才培养工程。该工程以培养学生深厚的人文底蕴、敏锐的审美判断、宽阔的艺术视野、较高的表达技艺、独特的创意实践为目标，通过创新文化建设、创新班级管理机制、创新课程设置、创新师资配置、创新教育服务等措施，为学生种下成为画家、设计大师的种子。

在自教育思想的指导下，美中构建了自教育提质课程以满足拔尖创新人才的培养需求。自教育提质课程着重于学生的高级美术素养以及创新思维与能力的培育，设有美术拔尖课程、创新人格课程、创新知识课程、创新能力课程等。

站在新的发展节点，全体美中人将继续提升教育智慧，贡献教育价值，以自教育点亮美中新时代。

（原载《河北教育》，2020 年 7 月）

自教育思想下高中劳动教育课程的建设与实施

2020年3月，中共中央、国务院印发了《关于全面加强新时代大中小学劳动教育的意见》（以下简称《意见》），对新时代劳动教育进行了整体规划，为各级各类学校深入开展劳动教育指明了方向。

保定市美术中学（以下简称“美中”）一直践行自主学习、自主管理的理念，并基于20多年的办学实践确立了自教育思想。自教育倡导激发学生自教育的意识，培养学生自教育的能力，最终实现自我发展。在自教育思想引领下，美中始终坚持五育并举，特别是《意见》出台后，立即对学校的劳动教育进行审视，对照《意见》的要求，以劳动教育课程建设为抓手，将自教育思想与劳动教育深度融合，强化学生主动劳动、自主创造的意识。同时，学校结合美术生的专业优势，积极探索劳动教育的新思路与新途径，以期促进学校劳动教育进一步深化，真正实现以劳育人的教育目的。

一、劳动教育课程的理念与目标

（一）劳动教育课程理念——自己创造未来

美中基于当下劳动教育的现状，结合学校办学实践，提炼出本校的劳动教育课程理念——自己创造未来。

“自己创造未来”是美中的校训，将其作为劳动教育课程理念是因为它体现了学校的办学传统，代表着学校文化精神和教育理念，特别是与新时代劳动教育精神相契合。新时代的劳动教育注重培养学生在劳动中的创造能力与创新能力，体会劳动创造美好生活。“自己创造未来”这一理念正是要唤醒学生的生命自觉，增强学生自主发展的意识，培养学生自我服务、自我管理、自我创造的素质与能力，切实发挥以劳树德、以劳增智、以劳强体、以劳育美、以劳创造的综合育人价值。

（二）劳动教育课程目标——培育学生劳动素养

中小学劳动教育旨在改善学生的知识结构，提升他们的劳动认知水平，开发其潜能，丰富其情感，陶冶其情操。因此，劳动素养除了劳动知识外，还涵盖劳动价值观、劳动态度与劳动能力的发展，最终实现学生的全面发展。

美中将劳动教育课程目标确定为培育学生劳动素养，包括劳动认知、劳动态度、劳动能力三个层面，具体内容如表 1 所示。

表 1　保定市美术中学劳动教育课程目标解析

一级指标	二级指标	目标阐释
劳动认知	劳动基础知识	劳动基础知识是指人在其长期劳动实践过程中积累起来的经验，是劳动素养的基础
	学科中的劳动知识	将劳动教育与学科教学相融合，在文化课教学与美术专业教学中渗透劳动观知识
	劳动兴趣	指导学生在实际生活中思考与劳动相关的问题，在劳动实践中激发学生的劳动兴趣，这是培养学生热爱劳动的前提
劳动态度	劳动观念	引导学生树立正确的劳动观，崇尚劳动、尊重劳动，增强对劳动人民的感情，报效国家，奉献社会
	劳动体验	学生通过参与劳动实践活动，激发劳动兴趣，发挥创新意识，分享劳动成果，获得积极的劳动体验
	劳动情感	组织社会公益劳动活动，带领学生走进社区，记录学生劳动的事迹，让他们学会感恩，珍惜自己和他人的劳动成果
劳动能力	操作技能	学生在劳动技术课中学会基本工具的操作，利用不同的方式和途径获取信息，解决实际的劳动问题
	实践能力	组织学生参与校内外的劳动活动，引导学生在社会实践中整合知识，提升实践能力
	创新能力	引导学生在劳动实践活动中积极思考、主动探究，尝试寻找解决问题的新思路与新方法，提高学生的创新能力

二、劳动教育课程结构与设置

基于课程目标，学校将劳动教育课程分为四大类，分别为劳动教育基础课程、劳动教育延展课程、劳动教育主题课程和劳动教育创新课程。其中，劳动教育基础课程旨在培养学生的劳动认知与劳动态度，劳动教育延展课程、主题课程和创新课程旨在培养学生的劳动能力，并在课程中渗透对劳动认知与劳动态度的培养。四类课程将理论与实践相结合，指向学生的终身发展与完整成长，让学生在劳动过程中“自己创造未来”。

（一）劳动教育基础课程

劳动教育基础课程包括劳动意识教育、劳动品质教育、木工技能理论、电工技能理论、植物培养知识、动物饲养知识等课程。学校通过劳育基础课程，使学生掌握基本的劳动知识，培养学生的劳动兴趣，引导学生树立正确的劳动观念、涵养深厚的劳动情感。

（二）劳动教育延展课程

劳动教育延展课程分为生活技能课程、技术应用课程两类，具体包括家政、厨艺、收纳整理、缝纫、编织、饮食安全、木工、电工、植物栽培、动物饲养、图片编辑、电子制作等。劳动教育延展课程以动手操作的形式培养学生的操作技能，有效提升其劳动能力。

（三）劳动教育主题课程

劳动教育主题课程包括学校活动课程、家校活动课程、社会实践活动课程。学校活动课程包括节日活动（元宵节包汤圆、端午节包粽子等）、主题活动（服装节、木质手工艺品展示等）、常规活动（校园卫生、宿舍内务整理等）；家校活动课程包括家长劳育活动（家长教授学生制作糖果、茶叶蛋等，有条件的家长可带领学生直接到工厂参与实际劳动）、家校合作活动（成人礼、亲子家具制作活动）；社会实践活动课程包括环保类活动（植树、清扫公共设施等）、爱心类活动（关爱留守儿童、志愿服务活动等）、成长类活动（有偿工作实习、公共场所义务劳动等）。学校通过劳动教育主题课程，践行“学生为主”的理念，让学生参与活动策划、活动实施、活动评价等各个环节，在此过程中提升学生的实践能力。

（四）劳动教育创新课程

劳动教育创新课程是建立在实践基础上的知识、技能、态度、方法、习惯的综合学习，基于美术专业知识，通过动手动脑的操作，获得亲身体验与感悟，不断内化，从而激活潜在的创新意识。劳动教育创新课程是面向所有学生开设的选修课程，要求学生每学期从中选取一至两门课程进行学习，包括动画制作、纸雕画、模印与彩绘、陶艺、扎染、纬编画、廊坊面塑、鱼拓、三维设计、机器人研究等。学生在各种实践创造活动中勤于动手、勇于创新、乐于探究，从中提升分析问题和解决问题的能力，并使创新能力得以良好发展。

三、劳动教育课程实施与评价

（一）劳动教育课程的实施

劳动教育课程的实施以项目学习实践为主，包括确定课程主题、划分学习项目、拟订项目方案、开展项目活动与总结反思五个环节。

第一，确定课程主题。教师根据每节课的课程目标确定课程主题。第二，划分学习项目。教师根据课程主题划分若干学习项目，学生以小组为单位自主认领学习项目。第三，拟订项目方案。各项目小组通过头脑风暴、合作探究等方式对方案进行设计与优化，在教师的指导与家长的帮助下，不断提升方案的实效性，使方案便于操作与实施。第四，开展项目活动。各项目小组依据项目方案自主开展各项学习与活动，包括进行研究性学习、小组合作探究、组织社会实践等环节。小组在活动中遇到问题或瓶颈时，教师会进行点拨与指导，必要时家长也会参与其中。最终，以小组为单位展示本组的学习成果与作品。第五，总结反思。项目活动结束后，师生对项目进行总结与反思，归纳各小组在活动中呈现出来的亮点，梳理存在的问题，共同探讨提升策略（见图 1）。

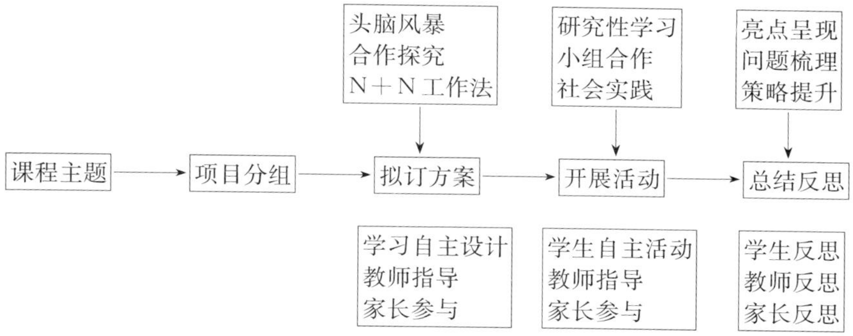

图1 劳动教育课程实施流程图

（二）劳动教育课程的评价

开展劳动教育的主体不仅仅是教师，家长和同伴的影响同样不能忽略。要想对学生劳动教育成效有相对客观准确的评价，应将相关的评价主体都考虑在内，评价形式可包括教师评价、家长评价、同伴之间互评以及学生自我评价。

劳动教育评价以“自定标准、自主承诺、自定奖惩、自查互查、自评互评”二十字自教育治理方针为依托，自下而上与自上而下相结合，评价的制订、实施、反馈均由师生共同完成，使学生在评价中充分享有自主权，进一步激发学生劳动创造的主动性。劳动教育评价包括量化评价与质性评价，同时强调“过程”和“结果”并重，尤其要注重情感和态度。

1. 过程性评价

过程性评价重视学习成果的价值判断，同时注意到学习过程也是反映学习质量水平的重要方面，强调过程的价值，采取过程性与目标性并重的取向。①具有劳动教育价值的结果都应当受到评价的支持与肯定，过程性评价注重对学习的动机态度、过程和效果进行三位一体的评价，强调对过程的关注，设计多种展示学习过程的评价工具，包括质性的、描述性的、展示性的评价手段，促进这一评价理念的落实。

① 高凌飚．过程性评价的理念和功能［J］．华南师范大学学报（社会科学版），2004（6）：102—106.

一是劳动教育成长档案袋。成长档案袋通过记录和汇集学生劳动品质的成长与发展过程中的一系列材料，展现学生的进步。成长档案袋记录的内容包括：学生参加志愿者服务活动和社会实践活动的记录及体会；学生在学习过程中某些活动计划的设想、制作和修改等作品产生过程的说明；学生描述自己作品的特征、自己的成长进步、已经实现的目标等反思记录；同学、教师、家长等各方面对学生一段时间以来的评价。

二是过程性评价表。过程性评价的本质是反馈—调节—完善，劳动教育评价注重过程性评价，以期学生对照评价标准，通过自评、互评与他评对劳动表现进行评价与鉴定，达到自我教育、自我总结、自我培养、自我提高的目的，实现对劳动教育品质的自我内化。表 2 呈现了美中劳动教育的过程性评价内容。

表 2　保定市美术中学劳动教育过程性评价表

过程性评价	学习态度 （20 分）	1. 自觉主动学习； 2. 以乐观心态学习； 3. 发扬刻苦学习的精神，勤奋努力学习	评分：
	劳动意识 （20 分）	1. 认识到劳动的重要性； 2. 能够主动承担班级、学校劳动工作； 3. 能够主动承担家务； 4. 积极参与劳动活动、实践活动	评分：
	创新意识 （20 分）	1. 敢于质疑，提出问题，提出个人见解； 2. 善于留心观察； 3. 善于思考，能够从多角度寻找解决问题的方法	评分：
	合作学习 （20 分）	1. 尊重他人，耐心倾听他人观点； 2. 人际交流能力提高，沟通方法多样； 3. 能与他人合作分工，以达成既定目标	评分：
	课堂氛围 （10 分）	1. 学习态度积极主动； 2. 师生互动沟通频繁有效； 3. 课堂上表现活跃，学习情绪高涨	评分：
	学习兴趣 （10 分）	1. 能在校本课程学习中寻找快乐； 2. 主动通过各种途径丰富自己的学习兴趣	评分：

三是劳动教育项目评价表。主题活动是劳动教育实施的重要路径之一，一个主题可能会通过多个项目加以实施。因此，要对学生在劳动教育项目中的表现进行有效评价。美中对每一个劳动教育项目建立相应的项目评价表，评价表需要学生自主设计，同时项目参与者也要进行相应评价。表 3 是学校美食家活动的项目评价表。

表 3　保定市美术中学美食家活动项目评价表

<table>
<tr><td>姓名</td><td></td><td>班级</td><td colspan="2"></td></tr>
<tr><td rowspan="2">菜品</td><td>名称：</td><td>原料：</td><td>制作过程：</td><td rowspan="2"></td></tr>
<tr><td>名称：</td><td>原料：</td><td>制作过程：</td></tr>
<tr><td rowspan="2">主食和汤</td><td>主食名称：</td><td>原料：</td><td>制作过程：</td><td rowspan="2"></td></tr>
<tr><td>汤的名称：</td><td>原料：</td><td>制作过程：</td></tr>
<tr><td>自己的感受</td><td colspan="4"></td></tr>
<tr><td>自我评价</td><td colspan="4"></td></tr>
<tr><td>父母评价或建议</td><td colspan="4"></td></tr>
<tr><td colspan="5">评价：
1. 是否按要求完成了任务？
2. 如果完成任务，是和父母共同完成还是独立完成？如果和父母一起完成，那么在完成的过程中是否配合默契？
3. 能力是否有提升？</td></tr>
</table>

2. 结果性评价

结果性评价是在教育活动结束后为判断其效果而进行的评价。一个单元、一个模块或一个学期、学年、学段的教学结束后对最终效果所进行的评价，都是结果性评价。①

一是描述性评语。每学期末，教师、小组同学、家长等对学生本阶段的劳动品质发展及表现进行评价，用描述性语言对学生的劳动价值观及劳动行为某一方面的表现实事求是地撰写简要而明确的评语。描述性评语主要是对难以量化评价的内容进行客观的整体描述，力求全面反映学生的总体发展水平。评语要符合学生的实际表现，突出学生的个性特征和发展潜能。描述性评语指出学生存在的问题和不足并提出改正建议，帮助学生认识自我、调整自我、发展自我，促使学生从失意中看到光明，在成就感中继续前行。

二是结果性评价表。结果性评价表突出劳动教育知识的学习、劳动教育活动参与的实践能力，评价方式采取书面考核与实践考察相结合，并将考核结果作为学生综合评价的依据之一。表 4 呈现了美中劳动教育结果性评价内容。

表 4　保定市美术中学劳动教育结果性评价表

结果性评价	书面考核（40 分）	考核内容： 1. 正确的劳动价值观； 2. 正确的职业价值观； 3. 基础技能理论知识	评分：
	实践考核（60 分）	考核内容： 1. 课堂作品呈现（作品完整度、造型优美度、创意度等）； 2. 课外活动（活动参与度：至少参加 2—3 项活动；活动贡献度；活动完成度）	评分：
总分			

三是考试。作为重要的评价方式，考试（包括阶段性考试、学业水平考试和升学考试等）在现阶段仍然是必不可少的。考试包括多种题型，注重考查学生运用劳动知识解决日常生活中实际问题的能力。

保定市美术中学以党和国家的教育方针与政策为办学之本，坚持五育并

① 姜艳华．试论过程性评价与结果性评价的同一［J］．当代教育论坛（学科教育研究），2007（4）：52—53.

举，培养德智体美劳全面发展的社会主义建设者和接班人。近年来，美中的劳动教育工作取得了一定的成效，但我们也深知劳动教育并不简单等同于劳动实践，我们也不是只进行劳动教育，而是全面贯通“五育”，以劳树德、以劳增智、以劳强体、以劳育美、以劳创造。美中将进一步深化研究、创新实践，以学校、家庭、社区为单位，由内向外构建三方系统合作的劳育课程体系；将劳动教育与学科教学相融合，各学科在教学过程中因势利导、潜移默化地渗透劳动教育；将劳动教育与德育、智育、体育、美育有机联系起来，创新课程内容与形式，有效提升学生的综合素养与能力。同时，学校还会继续优化劳育评价体系，重视劳动教育的过程性记录，建立多维度、多主体、多元化、全方位的评价标准，提升劳育评价的信度与效度，从而促进劳动教育的进一步改革与发展。

（原载《创新人才教育》，2020 年 9 月）

试论中小学教师惩戒权的困境与超越

2019年11月，教育部发布的《中小学教师实施教育惩戒规则（征求意见稿）》提出："教育惩戒是教师履行教育教学职责的必要手段和法定职权。"该文件发布后，一时间关于教师的惩戒权成了热门话题。因此，了解惩戒权的立论依据，发现教师行使惩戒权的现实困境并提出解决策略是非常必要的。

一、中小学教师惩戒权的立论基础

教师惩戒权的理论依据。首先，教育活动具有社会职能。在教育教学活动中，教师需要对学生进行管理与组织，教师合理恰当的惩戒旨在确保教育活动的正常、有序开展。其次，行为主义认为个体行为矫正的形式主要包括奖励和惩戒。惩戒正是通过使学生产生厌恶或难过的感觉，来抑制不良行为的再次出现。最后，虽然性善论与性恶论是两种截然不同的观点，但两者均肯定了教育对人性的作用。教师对学生失范行为进行惩戒，是为了引导他们走向"善端"。

教师惩戒权的法律依据。西方发达国家基本都以法律的形式支持教师行使惩戒权，同时要求教师合法、正当地对学生进行惩戒。在《中小学教师实施教育惩戒规则（征求意见稿）》出现之前，我国相关法律的一些条文中隐含着对教师惩戒权的肯定，如《中华人民共和国教师法》第七条规定教师享有"评定学生的品行和学业成绩"的权利；《中华人民共和国教育法》第二十九条规定教育者有"实施奖励或处分"的权利；《中小学德育工作规程》《义务教育法》和《中小学班主任工作条例》也都规定了教育者对学生有"批评教育"的权利。

二、中小学教师行使惩戒权的现实困境

为了解现实教学活动中教师行使惩戒权的现状，笔者就对待惩戒权的认识

态度、教师惩戒学生的方式、教师行使惩戒权的效果、影响因素四个方面的内容，对自己所在学校的师生进行了问卷调查。

对教师惩戒权的认识和态度。在对教师是否享有惩戒权这一问题上，教师和学生存在明显差异，超过50%的教师认为惩戒学生是教师的权力，66.99%的学生对教师惩戒权持不确定或否定态度。在对教师惩戒权合法性和合理性的认识上，师生均存在比较模糊的认识，28.89%的教师不能明确区分惩戒与体罚，63.62%的学生不能区分惩戒与体罚，22.41%的学生认为教师惩戒学生是违法的。

教师惩戒学生的方式。面对学生的失范行为，教师最常用的惩戒措施是讲理说教，其次是扣除个人量化分数（学生在班级的量化分数会直接影响学生学期末的评优评奖，如果量化分数过低将被取消评优资格）。教师和学生还提出了一些其他的惩戒方式，如增加作业量、背单词、为班级服务、写反思、写字帖等。

教师行使惩戒权产生的效果。98.89%的教师认为如果不惩戒学生的错误，他会继续犯错甚至出现更严重的错误；81.6%的学生认为教师的惩戒对自己认识错误有效；84%的学生认为教师的惩戒对自己改正错误有效。

教师行使惩戒权的影响因素。在对教师行使惩戒权的影响因素的重要性进行排名时，教师和学生的选择高度一致，依次是家长对惩戒的态度、教育法规、学生对教育惩罚的态度及情绪反应、社会媒体对教育惩罚事件的评论、学校及当地教育行政部门对教育惩罚的态度、教育行政部门的规定、赏识教育和快乐教育理念。有45.56%的教师表示在行使惩戒权时，遇到过学生或家长的过激行为。

通过调查分析，笔者认为影响教师行使惩戒权的因素主要有以下两个方面：一方面，由于缺少明确的法律法规，教师行使惩戒权无法可依；另一方面，面对来自家长、学生、学校、教育行政部门及社会舆论的压力，教师只能采取比较温和的惩戒方式，甚至是放弃惩戒权。

三、确保教师正当行使教育惩戒权的策略

完善教师惩戒权的法律法规。我国中小学教师行使惩戒权的最大困境在于

缺乏明确的法律法规做后盾。基于此，相关部门应尽快制定有关教师惩戒权的法律法规，明确教师惩戒权的概念和内涵、使用方式、使用原则、使用程序、适用范围，以及配套的监督制度、申诉制度和学生救济制度，确保教师惩戒权的顺利实施。此外，中小学也可以通过研讨会、座谈会等方式，广泛听取专家、学者、教师、学生、家长的观点与建议，自行制定本校的教师惩戒权管理办法。

提高教师的法律意识和综合素养。首先，教师要加强法律法规的学习，明确自身职责，敢于行使惩戒权，在惩戒学生时，坚守教师的职业道德，坚持教育性原则，不能侵害学生的权利，伤害学生的身心健康，要使自己手中的“戒尺”既有力度又有温度。其次，教师应主动学习先进的教育教学观念和管理方法，注重与学生的沟通和交流，随时关注学生在学习和生活中的变化，对于表现优秀的学生给予表扬和鼓励，对于违反纪律的学生及时进行合理惩戒。

规范教师惩戒学生的方式。学校可以鼓励师生按照民主协商的方式制定班级内的惩戒制度。一是自定惩戒标准。每位学生先列举出过失行为和对应的惩戒方式，随后再由全班同学举手表决，所有在班级内达成共识的惩戒建议将以班级公约的形式固定下来，每学期修订一次。二是自主承诺、自定奖惩。学生根据自身的情况，制定自己本学期关于德智体美劳各方面的目标，以及完成后的奖励和未完成的惩罚。三是自查互查、自评互评。一旦有同学出现失范行为，则由组长在班主任、全班学生的见证下进行相应的惩戒。惩戒时需在视频监控下进行，组长应记录惩戒的原因和过程，由教师、组长和受惩戒的学生共同签字。

引导学生树立主人翁意识。强烈的责任感和集体荣誉感有助于减少学生的违纪行为，营造和谐的师生关系，如在进行班级文化建设时，教师可以尝试做一个旁观者和协助者，构思、设计图纸，采买物品、动手布置等环节全部交给学生。这一举措既锻炼了学生的创新能力、合作能力、动手能力，同时又充分凸显了学生的主体地位，促使他们能够自觉爱护劳动成果。

与家长建立良好的教育合作伙伴关系。学校在制定学生管理制度时，应让家长参与其中。制度确定后，由家长和学生共同签字、实施。通过这种方式，一方面可以让家长了解学校的管理方式，支持和配合学校的教育教学活动；另一方面，可以让家长监督教师惩戒权的使用情况，促使教师合理、正当地对学生进行惩戒，以达到教育学生的目的。

（原载《河北教育》，2020年10月）

深化教育评价改革　提升教育治理能力

教育评价是当前教育改革和教育研究的热点问题之一。教育评价事关教育发展的方向，影响着教育改革的深度、高度与广度。加快推进教育治理体系和治理能力现代化、建设教育强国、办好人民满意的教育，深化教育评价改革、构建科学的教育评价体系至关重要。

一、教育评价改革提出的背景

素质教育的提出已有二十多年的历史，在发展过程中，取得了一定的成绩，但成效并不显著，仍存在着一些问题。一方面教育评价的指挥棒在中小学仍指向考试分数和升学率，关于素质教育的科学评价体系没有真正确立起来，教育功利化倾向亟须扭转。另一方面教师评价标准冗杂，在教师评价中存在教育评价数量太多、频次太密的问题。

2018 年 9 月 10 日，习近平总书记在全国教育大会上指出："要坚决克服唯分数、唯升学、唯文凭、唯论文、唯帽子的顽瘴痼疾，从根本上解决教育评价指挥棒问题。"2019 年 1 月，时任教育部部长陈宝生在全国教育工作会议上强调，"'五唯'是当前教育评价指挥棒方面存在的根本问题，是当前教育改革中最难啃的'硬骨头'，但再难也要啃下来"，"要在破除'五唯'问题上打一场硬仗，拿出实招硬招新招。"2020 年 6 月，中央全面深化改革委员会第十四次会议审议通过《深化新时代教育评价改革总体方案》，进一步对我国新时代要构建什么样的教育评价体系做出明确回答。构建新时代教育评价新体系，是未来一个时期我国教育评价改革的重要理论与实践议题。

二、教育评价改革的意义

（一）教育评价改革是全面实现教育现代化的必然要求

教育评价关系着教育发展的方向，有什么样的教育评价，就有什么样的办学导向。《中国教育现代化 2035》以“以德为先”“全面发展”“面向人人”“终身学习”“因材施教”“知行合一”“融合发展”“共建共享”为关键词清晰地概括了教育现代化的八大基本理念。因此作为教育体系的关键环节，教育评价必须要适应教育现代化变革，不断改进结果评价、强化过程评价、探索增值评价、健全综合评价。同时人工智能蓬勃发展，新技术层出不穷，使得教育评价的手段越来越多样，方式越来越多元，为教育评价改革创造了有利的条件。

（二）教育评价改革是推进教育治理体系和治理能力现代化的重要途径

党的十八届三中全会把“完善和发展中国特色社会主义制度、推进国家治理体系和治理能力现代化”确定为全面深化改革的总目标，开启了全面深化改革、系统整体设计推进改革的新时代。

教育评价改革是全面深化改革、破除体制机制障碍、推进教育治理体系和治理能力现代化的重要一环。教育治理能力的强弱，很大程度上受制于教育评价体系构建的科学性、有序性和有效性的程度。教育评价作为教育发展的“指挥棒”，就是要扭转不科学评价的导向作用，发挥教育评价的积极正向功能。建立并完善各级各类教育评价的相关法律，构建各级各类教育标准体系和教育评价工作体系，充分激发学校自主构建内部的评价体系，开发并创新教育评价的技术、工具和手段等，通过实现教育评价的现代化，构建与新时代教育现代化目标一致的教育评价体系，推动教育治理体系和治理能力现代化。

（三）教育评价改革是落实立德树人根本任务的重要保障

实施教育评价改革有利于突破“五唯”教育评价的现实困境，发挥教育评价指挥棒的正面导向作用，使其成为解决当代教育问题的“钥匙”之一。在学生评价中，过分注重结果评价导致产生“唯分数、唯升学”的功利性评价倾向，这使得学生和学校教育片面追求学生分数和学校升学率。这种情况不利于学生核心素养的形成，更无法实现德智体美劳全面发展。

对于学生评价而言，教育评价改革有利于贯彻落实“五育并举”，着力从德智体美劳各方面构建全方位、立体化的综合素质评价体系，特别是加强劳育、美育、体育等教育评价相对薄弱的环节，促进学生的终身发展与完整成长，切实保障“立德树人”教育根本任务的落实，办人民满意的教育。

三、教育评价改革的路径探索

（一）健全政府教育督导体系

不断健全“督政、督学、评估监测”三位一体的教育督导体系。第一，建立健全政府教育督导委员会工作制度，实现领导管理机制创新。建立联合督政制度，由政府多部门组成教育督导共同体，从各自职能出发，对政府履行教育职责情况进行督导检查。第二，不断完善政府教育督导评估指标体系。建立全面科学的综合督导评估体系，定性评价与定量评价相结合，发展性评价与结果性评价相结合。根据本地区教育现状和中长期教育发展目标，构建独具特色的教育现代化指标体系。建立教育质量评估监测体系，发挥质量监测的诊断和导向作用，推进政府不断改进教育决策，树立正确的教育理念。第三，鼓励并引导多元主体参与，不断创新督导的方式方法。引入第三方评价，使督导评估更加专业化、系统化、科学化；鼓励多主体参与，推进教育治理体系现代化；建立教育督导信息化平台，实现督导评估全程化。

（二）构建学校多元评价体系

转变把“升学率”作为评价学校教育教学质量的唯一指标，构建多元评价体系。淡化对学校现有条件的静态评估，引导学校根据校情制定中长期发展规划，实现有目标的自主发展；重视学校在组织管理、教师队伍、育人文化、教与学等方面采取的动态措施，充分激发学校发展的内生动力，引导学校全面育人、全域育人、全员育人。具体来说，对学校的评价可以分为以下五个维度：1. 规划与管理。关注学校发展规划的制定；学校治理体系的变革；财务资产的管理等。2. 教师发展。关注学校促进教师专业成长的措施；教师分层、分类成长体系的建立；高效合作教师团队的建立等。3. 育人文化。关注学校办学思想对学校发展的引领作用；学校文化氛围的建设；五育内容的系统性和融合性；五育活动的丰富性和创新性；五育网络的开发和构建等。4．教与学。关注多样性、个性化的课程体系建设；课堂教学方式的变革；学生学习状态和学习能力的提升等。5．学生发展。关注学生的终身发展与完整成长；学生发展性指导的开展等。

（三）构建教师全方位评价体系

坚持把师德师风作为教师评价的第一标准，引导教师认真履行育人职责。建立长效机制，强化底线评价，把师德落实在立德树人上，具体包括健全教师荣誉制度、建立师德失范行为通报警示制度、实施教育全行业禁入制度等。奖惩结合，规范教师行为。

重视对教师教学活动的评价，将教师的育德能力评价与教师的专业能力评价相结合，构建全方位评价体系。教师专业能力评价包括课程开发能力评价、教学评一致性评价、教学研究创新评价等。教师育德能力评价包括教师个人修养评价、德育学科渗透能力评价。

（四）构建学生综合性评价体系

丰富评价内容。一方面，评价内容要注重学生全面发展。贯彻落实“五育并举”，以学生的终身发展与完整成长为目标，从德智体美劳五个维度评价学生的全面发展。突出学业成绩增值评估，让学校在原有基础上有进步的机会，激发学校发展的内在动力。另一方面，要注重学生个性化成长。立足每个学生的兴趣点与特长，一人一目标，一生一方案，一科一辅导，让学生在自己擅长的领域不断创新与突破，为不同领域的高素质人才储备力量。

扩充学生评价主体范围。评价的主体包括教师评价、家长评价、同伴之间互评以及学生自我评价。发挥各主体作用，自下而上与自上而下相结合，评价方案的制定、实施、反馈均由各主体共同完成，使学生在评价中充分享有自主权，进一步激发学生劳动创造的主动性。除考试外，评价还应包括学生对自己在课程或活动中的表现对照评价表进行自评、组内其他同学的互评，以及教师、家长对学生的评价。

选择多种评价方法。量化评价与质性评价相结合。量化评价主要以考试

（包括阶段性考试、学业水平考试和升学考试等）作为重要的评价方式，在现阶段仍然是必不可少的。但考试要在提供多种题型的同时，倡导综合的、开放的题型，注重考查学生运用知识解决实际问题的能力，注重试题中包含的情感、态度和价值观的考查，避免过于注重知识的考查。质性评价包括成长档案袋、项目评价表、描述性评语等。

（原载《河北教育》，2021 年 3 月）

“自教育治理”：让学校管理走向善治境界

学校治理是校长、教师、学生、家长等利益主体充分参与，教育行政部门及其他相关专业组织积极介入的合作共治，其实质是建设依法办学、自主管理、民主监督、社会参与的现代学校制度。共治是路径，善治是目标。① 河北省保定市美术中学（以下简称“美中”）作为一所以美术立校的特色民办中学，得益于灵活自主的民营机制，能够最大化地整合各类资源，自主建构学校的管理模式，给予各利益主体充分发挥和自由成长的空间。自建校以来，学校始终探索民主管理、自主管理的路径与方法，并基于二十几年的办学实践凝练出“自教育”办学思想，探索出具有自身特色的“自教育治理”管理模式，有效激发了学校的办学活力和师生的成长动力。

一、自教育治理模式的基本内涵与运行方针

基于建立现代学校制度、提高学校治理能力的时代要求，以及美中学生在知识基础、学习主动性、发展内驱力、意志品质等方面存在明显不足的实际学情，学校在自教育实践的探索中，逐步确立了自教育治理模式。

自教育即学校各主体按照社会需求和自身发展需要，确立自我发展目标、发挥主观能动性、调控自身行为、提升自我素质与能力的过程。自教育治理是学校基于自教育思想，利用校内外一切有利条件，充分发挥学校人力、物力、财力等因素的作用，引领、调动全体成员实现学校教育目标的活动，是一种建立在特定目标导向、文化愿景、机制保障下的自治型管理方式，是让师生从

---

① 诸宏启．自治与共治：教育治理背景下的中小学管理改革［J］．中小学管理，2014（11）：16—18.

“要我做”的被动接受到“我应做”“我愿做”的自觉行动的转变过程。

“自教育治理”遵循“外在规定—内在接受—自觉行动—自动运转”的基本原则，尊重个体的发展需求，激发个体主动参与的意识，充分发挥个体的能动性和创造性，最终实现管理的自治自律、自动运转。

美中在推行自教育治理过程中遵循二十字方针，即“自定标准、自主承诺、自定奖惩、自查互查、自评互评”。

一是自定标准。学校教育教学环节的各标准均由师生起草、修订，凡是学生、教师能起草的，级部、处室不起草；凡是级部、处室能起草的，学校不起草。班级管理中的各项标准要经过级部研讨、修订后提交学校行政会，通过后正式施行；级部、学科和处室的各项标准直接提交学校行政会，通过后正式施行。

二是自主承诺。在学校，学生、教师、处室干事自下而上逐级承诺，激励行动。各角色根据自身所负责的事项在每学期开学初许下承诺，承诺内容包含工作内容、工作标准、完成时间、完成结果、奖惩措施等，承诺人签字后逐级提交。学期末，学校根据每个人承诺的履行情况兑现奖惩。

三是自定奖惩。学生、教师、学科、级部、处室在制定学期承诺时，自主制定达成每一项学习、工作目标的奖励以及未达成的惩罚措施。奖励形式需丰富有创意，惩罚力度需适当，奖惩需与实际相匹配，以此激励和约束师生自身的行为。

四是自查互查。学生、教师、学科、级部、处室根据各项学习和工作标准等，定期进行自查、互查，并根据查摆中的问题进行反思整改，对于自上而下逐层验评出现的问题要进行当天公布、末位反思、计入考核。实行自查互查相结合，一方面能够使问题更全面地暴露出来，为改进工作指明方向；另一方面有助于激发个体的主动性和积极性，确保检查的公平公正。

五是自评互评。自评是指学生、教师、学科、级部、处室，依据每节课、每日、每周、每月、每学期的任务单做到当日事当日毕，并依据任务单对学习、工作和生活做出自我评价，总结记录创新点和不足，并制定整改措施。互评是指学生、教师、学科、级部、处室，对每日、每周、每月、每学期的学习和工作互相评定，在此过程中借鉴和吸收经验，促进彼此间的合作与提升。

二、自教育治理文化的凝练与形成

治理的最理想状态是通过实践形成科学的治理文化。自教育治理文化是在我校治理实践中凝练而成的各利益相关主体思想文化、观念形态的总体表征，包括以下几方面内容：

（一）以精神文化奠定价值内核

美中将“民主、自由、自觉、自律、价值认同、愿景共生”作为治理文化的价值内核，并逐渐凝练出“为未来的画家、设计大师奠基”的办学使命、“为全球学校贡献价值”的办学愿景、“培养美术拔尖创新人才”的培养目标、“自由自在、自觉自愿、自治自励、自立自强”的校风、“自觉觉人、自省省人、自律律人、自利利人”的教风和“自学自悟、自动自发、自始至终、自然而然”的学风，旨在培养每一个体具有自我教育意识、自主学习能力和主动自发向好求善的追求。

（二）以制度文化确定师生行为规约

内部治理制度的构建和运行是学校治理的重点。美中的治理文化遵循“全员参与”原则，充分尊重每一个体的自主性，利用一切有利条件，采用自上而下与自下而上相结合的方式，让各主体多方面参与学校制度的制定。在师生平等共商基础上，学校形成了从制度约束（他律）到公约约束（互律）再到自主承诺（自律）的制度文化。师生在自育文化氛围的熏陶濡染下认同制度、接受公约、制定规则，在潜移默化中强化自主意识，将制度内化于心、外化于行，有效提高了学校治理水平。

（三）以行为文化影响师生“行走”方式

自教育的行为文化，是指师生在自教育系统中长期形成的并通过学校主体活动而展示出来的行为形态，包括学校全体成员在数学、管理科研、学习、生活以及文体活动中表现出的精神状态、行为操守和文化品位。这种行为文化体现在学校管理上，是通过自主管理、自主发展，让师生主动成为自我的领导者；而师生的自主反思则是由他律转为自律，实现其自身成长的重要方式。当前，日渐形成的反思文化已成为我校行为文化的重要组成部分，其中包括形成反思氛围、明确反思参照、创设反思平台、拓展反思形式等。

（四）以物质文化促进师生自我化育与成长

师生是学校教育教学活动的主体，亦是学校文化的创设者和享有者，可以说学校里的人是文化的核心物质载体。美中秉持“人人是学校主人”的理念，广泛征集师生意见，让学校所有环境建设、文化布置都体现师生的存在。如学校的校旗、校徽、校歌全部面向师生征集，由师生自设计、自构思、自讨论、自修改；学生校服从款式设计到面料选定均由学生主导。这些都体现了治理文化中多元民主的治理理念，从而让师生在自教育的文化场中自我化育、自我成长。

三、自教育治理的现实路径与实践探索

（一）科学编制发展规划，明确治理方向

学校发展规划的制定要立足过去、指向未来。编制学校发展规划需要考虑两方面问题：一是学生期望什么，教师需要什么，家长诉求什么，政府要求什么？二是学校发展困在哪里，难在何处，发展在何方？美中基于上述思考，通过扎根本地与融通中外相结合、问题导向与目标定位相结合、顶层设计与实践创新相结合、相对稳定与动态调整相结合，科学编制学校发展规划。在此过程中，学校将治理方式进行系统梳理与分析，关注学校发展的目标、过程与成效，重视在相关活动过程中各种治理方式的适切性和有效性，群策群力探索学校治理的未来发展策略。

（二）构建多元化自组织，引领协同治理

多主体参与的学校治理，要求主体具有自觉性、主动性和创造性。自组织是激发主体能动性、促进主体发展的重要平台。自组织理论认为，“一个在获得空间的、时间的或功能的结构过程中，没有受到外界特定干涉的系统就是自组织。"[①] 学校就是一个大的自组织，其下又有众多小的自组织，自组织在学校的具体化就是共同体。目前美中已建有四大自成长共同体，包括干部自成长共同体、教师自成长共同体、学生自成长共同体、家长自成长共同体。这些共同体之下又衍生出众多小共同体，如中心主任、级部主任、学科主任、班主任、教师自成长共同体等。各共同体通常采用理论学习、技能提升、课题研究等形式，就教学管理等方面开展交流与实践探索，最终形成具有共识性的理念、方法等，同时促进全体成员教育教学能力的提升。

（三）架构立体化平台，提高治理效能

推动学校内部的治理升级，提升民主程度和执行效率，需要架构起科学合理的平台。学校目前主要构建了以下几个层次的平台。

其一，校长领导下的"决策平台"。该平台以校务委员会作为日常议事的决策机构，由学校领导、教师、学生、家长代表等人员组成。校务委员会严格按照议事程序，对关系学校长远发展和涉及教职工利益的重大事项广泛征求意见，集体研究决定，切实提高决策的民主性、科学性。除校务委员会外，决策平台还包括学校办公室、专业事务委员会、专家顾问委员会。其中学校办公室作为综合协调部门，主要负责各部门日常工作的统筹与调度，促进部门间的合作和信息互通。专业事务委员会一般由学校内优秀部门领导、教师代表组成，主要负责课程开发、教学计划制订等重要事务。专家顾问委员会主要由外聘的专家教授、教育行政部门代表以及校长和学校中层领导组成，职责包括对学校发展进行专业诊断并提出改进建议、指导学校科研工作的开展等。

其二，学校中层领导负责下的"管理平台"。该平台主要包括教育质量保障中心、课程发展指导中心、教师自成长指导中心、学生自成长指导中心、自媒体指导中心、资源保障中心、党群中心。这些部门向上对校长负责，向下为教师、学生服务，每个部门都是一个完整的治理团队，中心主任是每个团队的领导者。各个管理平台的设置，将决策触角直接伸向基层，方便对各项事务的

---

① 杨朔镔，杨颖秀．"双一流"背景下大学院系治理现代化讨论：自组织理论的视角［J］．教育发展研究，2018（5）：40—47.

快速响应和执行，提升了治理决策的民主化和高效率。

其三，级部、班级的“执行平台”。级部执行平台包括级部自治委员会、家校共育委员会、班主任自治委员会、学科组长自治委员会、学生自治委员会。级部凡有大事，先由级部自治委员会成员研究，然后分别在班主任自治委员会、学科组长自治委员会、学生自治委员会、家校共育委员会上讨论通过，最后由学校有关领导审核。由此保证级部的每个重要决策都有群众基础，都经过充分讨论并达成一致。

班级内采用“三长六部制”进行自主管理。“三长”即常务班长、学科班长、值日班长，“六部”即学习部、生活部、文体部、纪检部、评价部、专业部。每个岗位都面向全体学生，由学生竞聘上岗。上岗后，所有学生干部采用头脑风暴的方式确定岗位职责，每月末对照岗位职责进行工作述职，通过自评、互评、反思、整改，提升班级管理质量。同时班级管理还辅以“一人一事”制度，即由师生共同梳理出班级内需要管理的事项，每个学生根据各自兴趣和特长自主申报，如班级自媒体设备管理人、班级书吧管理人、午休叫醒人等。“一人一事”制度让每个学生都能参与班级管理，提高了学生的主人翁意识与自我管理能力。

（四）营造自主研究氛围，凝练实践成果

美中秉持“以课题研究引领学校发展”的理念，以科研提升学校治理水平与治理能力，并形成了“事事可研究，事事要研究”的浓厚科研氛围。学校以治理体系和治理能力现代化为核心课题，通过对学校级部、班级等不同层次的治理体系进行探索，成功立项“普通高中学校内部治理创新机制研究”“普通高级中学年级组内自主管理研究”“自教育思想下的班级自主管理研究”等多项市级课题，同时借助课题对学校的治理实践进行总结提升，探索出更适合自身的治理模式与治理机制，提升学校内涵发展的动力。

（原载《中小学管理》，2021 年 4 月）

让教师成长走向“自觉、自动、自主”

在长期的办学实践和改革探索中，我与团队一起凝练出具有共识性的自教育理念。自教育是指作为主体的人，自己对自己进行的教育，即自己既当教育的主体又当教育的对象。我们认为，教师是学生自教育内在动力的激发者、外在条件的创设者和示范引领者，更是新时代学校治理的参与者。在此理念指导下，我们构建了立体式、综合式的教师成长模式，充分发挥教师的自觉性、主动性和创造性。

一是制定发展规划，明确成长方向。教师发展终归要落实到自我发展，教师的职业生涯规划只有基于自愿、主动发展，才能产生强烈、持久的成长动力。为了帮助教师提高职业认同感，规划职业发展，学校制定了《保定市美术中学教师职业发展规划书》。教师在填写该规划书时，一方面要明晰自我认识，另一方面要明确自己三年内的专业发展目标和计划。

二是构建成长共同体，引领协同发展。教师要积极融入学校的各类共同体之中，如“班主任自成长共同体”“任课教师自成长共同体”等，为自己创造各种交流学习的机会。新教师在共同体中主动拜师，通过师傅的传帮带，学习自本课堂的教学流程，解决工作、生活中遇到的困难，在同伴的鼓励与协助下，减少挫折感与不安感，尽快为专业发展扫清障碍。老教师在带动新教师成长的过程中，也在不断完善自我，促进自身成长。

三是创设成长平台，促进专业提升。基于教师成长目标，学校创设了立体式、综合式的成长方式，构建了教师成长链（日反思会、周成长课、月成长汇、学期成长节）和教师自成长链（学、思、行、研、著）。学校坚持把专家最前沿的理论实践“引进来”与教师“走出去”培训、考察相结合，使教师获得信息的途径大大增加。

比如日反思会，保定市美术中学制定了“一日两反思”（上午级部反思，下午学科反思）制度。教学反思的形式主要有四种：写反思日志、观摩教学、讨论教学、开展行动研究。教师对自己的课堂教学实践进行全面深入的思考和总结，从而走向更优化的教学状态，使学生得到更充分的发展。

周成长课又是怎么做的呢？学校坚持每周组织两次教师成长课。每周二开展教师成长课，每周四开展班主任成长课，针对教师的专业知识、业务水平、科研能力及基本功等进行专门培训，促进教师的能力提升。每周六学校还开展干部成长课。干部成长课采用 PK 的形式，通过自学、分组交流、展示、打分、排名等环节，实现干部的主动学习、主动研究、主动发展。干部还会互相诊断问题，持续改进工作。

再比如月成长汇，每月末利用 1—2 天时间，全体教师主动对照月初目标，总结梳理当月工作，解决工作中出现的问题，并制订下月工作计划；表彰本月工作中表现优异的教师，用优秀促进优秀。

学校在寒暑假还会举办学期成长节，共涉及四大类课程，即理论通识课程（专家讲座）、核心技能课程、创新实践课程、素质拓展课程，旨在让教师从内心激发渴求学习的强烈愿望，达到从“被动接受培训”到“我要培训”的实质性转变，实现教师专业的最大化成长。

教师自成长链旨在通过自我导向学习实现教师的自成长，是教师通过诊断自身学习需要、设定学习目标、组织学习资源、选择并执行适当学习策略、评价学习结果而进行的积极主动的学习过程。教师自成长链包括学、思、行、研、著五个环节。学，即读书学习；思，即思考、反思；行，即教育教学实践；研，即教研、科研；著，即教育专业写作。

四是开展教育科研，凝练实践成果。“教师成为研究者”已经成为教育教学改革的必然，也是专家型教师成长的重要途径。教师的教育科研活动要立足于教育教学实践，发现教学实践中的问题并提出解决策略，而且在研究过程中对自己的实践经验进行概括和总结。

保定市美术中学一直致力于转变教师发展模式，促进教师由勤奋型向研究型转变。近年来，学校全面开展教育科研工作，形成了“事事可研究、事事要研究，人人有课题、人人出成果”的良好氛围。

教师最常见的研究有学科之研、教学之研、教育之研。一是备课研究。从研究的角度去备课，尝试不同的方法备课。如不看参考书备课、借用各种资料备课、上完课后再备课，边教边改。二是“四课”研究。即说课、上课、评课、改课。三是案例研究。选好案例，有一个好的主题；真情实感，有一个好的表达；从感性到理性，有一个深刻的反思。四是课题研究。一方面根据国家、省、市的要求进行课题申报，另一方面积极开展校内小课题研究。

教师是学校的宝贵财富，是形成未来人才竞争优势的关键环节。美中基于学校实际，关注教师成长，提出了拓展与优化教师成长路径的方式，未来，我们将继续在探索的道路上不断前进。

（原载《中国教师报》，2021 年 7 月）

论班主任领导力的内涵与提升策略

班主任作为基础教育实施的重要力量，是班级工作的组织者、班集体建设的领导者、学生健康成长的引领者。随着教育改革的不断深入，社会对班主任的领导素质和能力提出了更高的要求。中小学阶段是学生学习基础知识、养成良好习惯的关键时期，急需班主任的正确引导。因此，为了强化对学生的管理，班主任需要具有较强的领导力。然而现实中，如何提升领导力仍然是困扰广大班主任的一个重要问题。《教育部关于进一步加强中小学班主任工作的意见》提出："保障和鼓励班主任有更多的时间和精力了解学生、分析学生学习生活成长情况，以真挚的爱心和科学的方法教育、引导、帮助学生成长进步。"新形势下，着力提升班主任领导力，帮助班主任提升班级管理效能，已成为众多学校促进班主任专业发展的有益实践。

一、班主任领导力的内涵

当前，学术界关于领导力的定义，并无统一的定论，主要有"影响力说"和"能力说"两种观点。"影响力说"的代表人物约翰·麦克斯维尔认为，领导力就是影响力，这种能力可以对他人产生影响，并激发他人产生追随领导力发出者的欲望。"能力说"的代表人物斯蒂芬·P. 罗宾斯认为，领导力是以某种特定的方式来影响他人的行为时所展现出来的能力；代表人物詹姆斯·M. 库泽斯和巴里·Z. 波斯纳认为，领导力是领导者如何激励他人自愿地在组织中做出卓越成就的能力。通过对学术界关于领导力概念界定的探究、理解，笔者更倾向于"能力说"，将领导力理解为：领导者在特定的情境中吸引和影响被领导者与利益相关者并持续实现群体或组织目标的能力。

班主任领导力是领导力在教育领域的一种应用。班主任作为学校教育教学计划的主要执行者，其领导力是指根据学生身心发展特点，全面贯彻国家教育方针，充分调动班级内外各种教育力量，为开展班级教育教学和管理工作而进行组织、指导、决策、评价等各种职能活动，通过权力和非权力吸引学生实现自我教育，从而实现所期望的班级共同愿景和个体发展目标的一种综合性能力。

二、引导班主任提升领导力的意义

有助于提升学校管理效能。学校的各项工作往往需要依靠班主任在班级内予以落实。班主任是班级的组织者、管理者和领导者，从班级管理到知识的传授，再到对学生精神世界的关注，其角色的多样性决定了其身份的复杂性。这就要求班主任必须具备较强的领导力，否则就会对班级管理产生负面影响，进而对学校的管理产生不利影响。因此，提升班主任领导力，有助于优化班级管理，让班主任将各项工作开展得有条不紊，进而带动学校管理效能的提升。

有助于促进学生的健康成长。班主任是学生继家长之后所遇到的另外一个社会权威，是学生成长过程中与其接触时间最久的角色之一，除了负责知识的传授，还肩负着促进学生全面发展的重要责任。而班主任领导力作为班主任的综合能力的重要组成部分，既包括外在的专业能力，又包括内在的精神影响力。因此，提升班主任领导力有助于促进班主任更新教育理念、加强职业道德修养、提升专业能力，让班主任能够以领导者的视角正确引导学生，对学生的品德、心态等内在因素产生正面影响，引领学生健康成长。

三、学校引导班主任提升领导力的实践策略

近年来，针对校内班主任存在的对领导力的概念认识不足、自主提升领导力意识薄弱等问题，保定市美术中学（以下简称“美中”）认真分析影响班主任领导力的制约因素，采取多项措施，引导班主任提升领导力，努力推动班主任的专业成长。

扎实开展培训。引导班主任提升领导力最有效的途径就是对班主任进行培训。为此，一方面，美中每学期都会邀请褚宏启、康万栋、吴颖惠、杨志成等教育专家对全校班主任开展一次提升领导力专题培训。培训内容涉及班级管

理、学生安全管理等，有效促进了全校班主任领导力的提升。例如，2020 年 7 月，天津师范大学康万栋教授开展了“班主任的五项修炼”专题培训。康教授结合多个实践案例，从学、思、行、研、著等五个方面向全校班主任讲授如何提升领导力，受到全校班主任的一致欢迎。另一方面，积极与北京市八一学校建立合作关系。美中每年都会派出 10 名班主任到北京市八一学校参加跟岗培训。北京市八一学校的教师发展中心先了解这些班主任的实际需求，进行情况汇总，然后制订跟岗培训计划。这些班主任在跟岗培训过程中，与北京市八一学校的多名优秀班主任进行了深入交流，掌握了提升领导力的实用技巧，他们的领导力也得到显著提升。

强化课题研究。课题研究为引导班主任提升领导力提供了一个重要平台。近年来，美中以课题研究为抓手，结合班主任专业发展的需要，鼓励班主任寻找领导力研究的切入点，引导班主任开展相关研究，带动班主任领导力的提升。美中鼓励班主任在系统思考的基础上，确定研究项目，自主申报市级课题。在进行课题研究的过程中，班主任对领导力的内涵有了更加深入的理解，对如何开展班级管理工作有了更加明确的方向，其领导力也在潜移默化中得到了提升。截至目前，“自教育思想下的班级自主管理研究”“班主任成长共同体的行动研究”等八个市级课题已通过专家鉴定，顺利结题。

完善校级考核机制。完善校级考核机制对于引导班主任提升领导力至关重要。为此，美中制定了《班主任领导力考核标准》，将班主任领导力纳入班主任专业发展的考核指标之中，从计划能力、执行能力、沟通能力、协调能力、决策能力等五个维度对班主任领导力进行考核。该考核工作由德育处专门负责，德育处每月汇总一次班主任领导力考核数据。该数据与班主任月工作绩效指标相挂钩，累积的考核数据计入班主任学期工作综合评价总分。每学期初，美中会在开学典礼上，对以领导力为重要考核指标评选出的 3 名最具领导力班主任进行表彰。截至目前，美中共评选出陈丽芬、刘玉莲、霍佳丽等多名最具领导力班主任，有效激发了全校班主任提升领导力的内生动力。

（原载《河北教育》，2021 年 7 月）

推动“五项管理”落地的“美中”方案

当前，各中小学生面临着严重依赖手机、睡眠不足、课外阅读量小、作业负担大、体质偏弱等问题。基于此，教育部专门出台了“五项管理”的相关文件，对中小学生在手机、睡眠、课外读物、作业以及体质健康等方面的管理提出了指导意见。河北省教育厅也发布了中小学生“五项管理”明白卡，对这五项内容做出了明确要求。对标教育部文件对“五项管理”的要求，保定市美术中学（以下简称“美中”）从目标导向、文化引领、活动载体、机制保障四个方面入手，积极探索减负提质的有效途径，推动“五项管理”落地。

一、以目标为导向，自定“五项管理”标准

美国心理学家洛克提出“目标设置理论”，认为目标本身具有激励作用，能够帮助人把需要变为动机，从而促进目标的实现。因此，设定目标对于个体的成长与发展具有很大的推动作用，在促进“五项管理”在学校教育落地的过程中，设定恰当的目标必不可少。美中引导学生根据自身的情况和特点，在与同伴、家长及老师充分研讨后，自主制定手机使用规划、睡眠规划、作业规划、课外阅读规划以及体质健康规划等，明确“五项管理”的各项标准。

关于目标的设定，每个学生可以从时间和效果两个层面明确适合自己的个性化目标。时间上，设定每项任务需要的时间。例如，每日睡眠时间不低于 7 个小时，尽量在 2 小时之内完成每日作业，每天课外阅读半小时，每天体育锻炼 1 小时，每周使用手机不超过 3 小时。效果上，即每项任务要达成的结果。例如，每天都能有充足的睡眠，保证充沛的精力；每天的作业都能及时消化吸收，全部掌握；每天阅读一篇课外读物，并写下心得体会；不带手机进教室，在家时利用手机学习和适当的休闲娱乐，不沉迷游戏；每天利用上午大课间和下午课外活动时间进行锻炼，增强体质。

学生通过目标的自我设定，激发自身行为的内驱力，依据目标与标准，自觉、自发、自主地完成每项任务。任务的顺利完成能够不断提升学生的自我效能感，进一步推动更高目标的设定和实现，以此形成良性循环。

二、以文化为引领，营造“五项管理”氛围

每一所学校都有自己独特的文化，文化是学校历史元素的积淀、传承与发展，对师生起着陶冶、引导和塑造的重要作用。在促进“五项管理”在学校落地的过程中，学校可通过文化的影响来引发学生的自教育行为。一方面，通过无形的精神文化，在潜移默化中培养学生自主学习、自主管理的意识和能力，引导学生逐渐养成自治自律的品质，激发他们内在发展的动力，自然而然，以文化人。另一方面，以有形的物质文化，体现“五项管理”的相关内容，起到宣传、引导、教育的积极作用。例如，以运动者的雕塑形象引导学生热爱体育运动；定期更换班级图书角、楼道公共阅览区的图书，吸引学生的阅读兴趣，满足不同学生阅读的个性化需求；由学生自主设计“五项管理”相关内容的海报，张贴在校园中，让学生们能够正确认识、深入理解、主动落实。

三、以活动为载体，促进“五项管理”落地

校园活动是学校课堂教学的延伸，是进一步深化教育教学改革、培养学生综合素养的有效途径。开展丰富多样的校园活动，有利于激发学生兴趣、提高学生认识、发挥学生特长、培养学生能力，实现活动育人的重要目的。

美中为了促进“五项管理”有效落地，真正使学生在活动中正确理解“五项管理”的要求和意义，开展了一系列专题活动。例如，“带不带手机进校园”主题辩论赛，通过辩论，学生对如何合理使用手机有了更加清晰的认识，并讨论出多种戒掉“手机瘾”的举措；“世界睡眠日”班级墙报展，充分发挥美术生的优势，由学生查阅资料，自主设计，合作完成，在展示的过程中也由学生进行解说，一方面增强了学生对健康睡眠的理解，另一方面给予了学生展示自我的机会，锻炼了学生的合作力、创作力、表达力；经典文学名著情景剧，学生在教师的指导下将课外阅读的名著改写成小剧本，自主设计服装和道具，自导自演，身临其境地感受人物情感，理解故事脉络，进一步增强阅读兴趣，提升文学素养；优秀作业展评活动，让各学科教师“晒”出每日作业、假期作业，先由参评教师解读自己设计作业的意图，然后由学生代表、教师代表、家长代表、教学处主任、德育处主任、科研处主任、级部主任组成评审团进行评价，最终选出高质量的作业范本，让作业不再成为学生的负担；拓展训练、趣味运动会，通过个人项目、团队项目的比拼，让学生爱上运动，提升理想铸就、意志锻炼、团队协作等方面的素养。此外，学校和家长还共同研讨、设计家长课程，如家长给学生们开设的瑜伽课程、形体课程、心理辅导课程、健康睡眠课程、新闻稿撰写课程等，通过家校共育促进“五项管理”落实。

四、以机制为保障，保证“五项管理”实效

在一个系统中，机制起着基础性和根本性作用。有了良好的机制，即便在外部条件发生不确定的变化时，系统也能迅速做出反应，自发调整原定的策略和措施，实现优化目标。要保证“五项管理”取得实效，必须依靠学校和家庭的通力合作和联合共治，将家校共育制度落到实处。为此我校建立了家校合作新平台，成立了家校共育委员会，为“五项管理”提供了机制上的有力保障。班主任、任课教师、家长和学生作为共同的责任主体，集体研讨“五项管理”的行动方案，明确实施路径，确定奖励和惩罚的措施，明确检查和评价的主体，经过多方研讨后最终达成共识。在手机、睡眠、课外读物、作业以及体质健康“五项管理”的实施中，先由学生对照共同制定的各项标准和承诺进行自查、自评，然后班主任、任课教师、家长对学生的相关行为进行他评，最后根据共同制定的评价和奖惩标准每月进行兑现。在家校共育委员会运行过程中如果发现问题，要立即整改，各方通过研讨重新调整方案，确保管理实效。

“五项管理”针对的是当下基础教育中的重点问题，也是社会、学校、家长、学生都极为关注的热点问题。这五项内容的管理并不是界限分明、毫无关联的五部分，而是相互影响、密切联系的一个有机整体。为了推动“五项管理”落实、落细，家长、学校、社会要多方联动、共育共治，特别是充分发挥学生的主体作用，培养学生自主管理的意识和能力，激发学生的内生动力，使学生由“要我做”转变为“我要做”“我愿做”，这样才能使“五项管理”真正发挥减负提质的作用。

（原载《河北教育》，2021 年 10 月）

自教育思想的阐释及其在新时代教育中的重要意义

基础教育阶段是培养和发展学生综合素质和终身学习能力的关键时期。保定市美术中学（以下简称“美中”）在凝练更前沿的教育思想、构建更科学的育人模式、创造更适宜的育人环境等方面做了积极的探索，提出了符合当前教育发展趋势和学校校情、教情、学情的自教育思想，并在指导教育实践的过程中不断丰盈和完善，为推进教育改革目标任务落地、落实开辟新的路径。

一、自教育的内涵

（一）自教育的概念界定

自教育是指作为主体的人，自己对自己进行的教育，即自己既是教育的对象又是教育的主体。个体自身发展的需求是自教育的起因和动力，个体基于内在需求明确目标，为了达成目标实施自教育行为，自发、自觉地进行自我调节和自我完善，提高自身素质和技能。同时，自教育不排除外部世界和社会环境的影响，个体在外部世界和社会环境中所接触的一切人和物都可能激发其产生兴趣和求知欲，从而引发自教育行为，主动学习、积极求教，通过自我感知、自我思考、自我判断、自我觉悟内化为自身的经验和技能，实现自我发展。①

一些教育家和学者，在说起自我教育时也强调，“没有自我认识，就不可能有自我教育”②。自我教育是作为主体的人“既当教育主体，又当教育的对

① 贺宇良．自教育，点亮美中的“灯塔”［J］．河北教育（综合版），2019（9）：35—37.

② 马宪平，中国教育协会教育管理分会．中国教育管理研究三十年：纪念中国教育学会教育管理分会成立三十周年文选［M］．北京：北京出版社，2013：136.

象，自己做自己的老师”①。自教育的鲜明特征是超越传统教育实践中对教育者、受教育者的严格角色区别，从所有人的教育主体地位角度重构教育实践角色，即无论是教育者还是受教育者，或是教育管理者的校长，在自教育范畴内都是教育的主体和受教育的主体，教育实践就是教育实践参与者的自教育共同体。

（二）自教育的内蕴阐释

自教育是个体自我发展与自我完善的一种教育活动，具体体现在以下几方面：

第一，自教育是以实现主体自我与客体自我的协调发展，进而实现人和社会协调发展为目标的教育。自教育以个体和群体自身的身心素质为对象，自我开发、自我塑造、自我完善自身的身心结构，以实现全面发展基础上的个性充分发展为目的，以在充分认识社会发展要求基础上的自我发展为动力，让学生在自教育中，学会自主学习、自主管理、自我发展。

第二，自教育的主客体具有同一性。自教育的实质是自己教育自己，个体或群体在进行自教育的同时扮演着教育者和受教育者的角色。主体的“我”是指现实中认识自己的精神活动的自我，客体的“我”是指被主体自我所认识的对象性的我。在教育活动中，正是主体自我与客体自我的对立统一推动着个体的发展。

第三，自我意识是自教育的前提和基础。自我意识是主体对自己的心理、身体的认识，对自己与别人、自己与社会关系的认识。人之所以能够达到自主，全是因为有了自我意识，而人的自我意识发展究其实质是人逐渐走向自主、走向自由的过程。自教育以自我意识分化出主体我和客体我为前提，如果没有这种分化，或者具有一定的分化但自我意识发展水平很低，就不可能有自教育。只有当自我意识发展到一定水平后，自我分化出主体自我和客体自我，理想的我和现实的我，人才能把自我作为对象来建构自己的内部世界。

---

① 苏霍姆林斯基．给教师的建议［M］．杜殿坤，编译．北京：教育科学出版社，1981：210.

第四，人的需要是自教育的内在动力。需要是指人们对某种对象的渴求和欲望。人的行为与其需要是密切相关的，人做出某种行为是以其内在需要为基础，当需要转化为某种特定的动机时，它就会成为人的内在推动力量。自教育的实质就是自我发展，没有发展的需要，没有把这种需要转化为特定的动机，就不可能有自教育，自教育本身也是人精神需要的一部分，是人自我实现的重要途径和手段。

二、自教育的过程机理

（一）自教育产生与发展的心理机制

自教育起源于个体的需要，需要根据其性质大致可以分为两种，即生存需要和发展需要。新生的个体，是一个无知、无识的自然实体，面对丰富多彩、复杂迷离的社会，开始了最初的对问题的探求、学习和模仿。这种由低级的发展需要推动的探求行为，使其自身产生了一种不平衡，要打破这种不平衡，就必须接受外界的影响。当心理状态趋于平衡时，又会出现高一级的心理需要，如此循环往复，推动着主体一步一步地向前发展。

自教育的起始、实施、反馈与评价等环节都与需要联系密切。作为源泉和动力，需要一方面源于社会环境的丰富多彩与个体匮乏之间的不协调，另一方面“离开了儿童心理发展的内因或内部矛盾，社会环境这个外因或外部矛盾是无法起作用的”①，这蕴含着一条主线即生命永远是自为的、主动的和积极发展的。只要有适宜的条件，个体精神就会通过其内部矛盾的作用，处于自觉成长状态，这就是自教育在社会实践活动中的根本动力源。核心表现就是现实自我与理想自我的矛盾运动过程。“它推动个体去否定、发展现实自我，经过深入思考后独立决定现实自我的行为，独立决定怎样对待这个世界，怎样在这个世界中认识世界，怎样具备关于这个世界深刻的客观经验，以便按这种经验的尺度塑造自己的行为。”② 个体成长过程中这种自觉地认识自我、否定自我、重新塑造自我的循环反复、螺旋上升的过程，即是自教育发生与发展的内在

① 赵科天．“需要”概念的重新界定［J］．南京社会科学，1996（6）：6—14.
② 刘晓东．论儿童精神成长的动力［J］．学前教育研究，1996（1）：2—6.

机理。

（二）自教育发展的过程

自教育过程包含四个阶段十二个环节。四阶段分别为：自我定标、自我实施、自我反馈、自我激励。具体来说，个体在充分认识自己的基础上学会自己选择，确定学习的方向、目标、计划、方法并加以实施，在实施过程中根据反馈的结果再次回到自我定标阶段，对原计划中不适宜的内容进行调整，再次实施，如此反复循环，不断发展。自我激励是三个阶段的动力系统，贯穿于三个阶段始终。

1. 自我定标

自我定标是指学生基于自身的发展需求，在教师的指导下，自主确定学习发展的方向，确立自我学习目标。该阶段分为自我认知、自我导向、自我规划三个环节。首先，学生要正确、全面地认识自己，能够觉察和理解自己的想法、言语和行为，了解自己的优点和缺点，能对自己进行客观的评价。其次，要做到自我导向，即确定目标，在了解自我的基础上，以“扬长避短”或“扬长补短”的方式，确定发展目标。最后，要进行自我规划，在确定目标后，查找相关材料，思考达成目标所需的条件，并选择学习策略方法，制订正确的计划。

2. 自我实施

自我实施是指学生自我计划的实施。该阶段分为自我体验、自我管理、自我控制三个环节。自我体验即学生在学习、实践与活动中，根据外部的信息输入不断调整原有的认识和经验，有效地进行自我改进和自我调节。自我管理包括对自身注意力、情绪、行为的管理等。自我控制是一种基于内在信念的自我约束。学生在学习中面对各种干扰和诱惑，要做到自我约束、有所不为才能实现自我控制。每一环节都要做到脚踏实地，为下一步的开展打下良好的基础，一环紧扣一环，最终确保目标的实现。

3. 自我反馈

自我反馈是指学生在计划实施后，对比计划效果及计划目的，做出反馈并进行调整。该阶段分为自我评价、自我反思、自我调节三个环节。首先，学生要对照标准进行自我评价，自我评价既要包括过程性评价，又要包括结果性评价。其次，学生根据评价进行反思，具体包括反思目标的可行性、准备过程的充足性、计划制订的科学性等。明确在计划制订实施过程中的长短优势，继续发挥长处，弥补不足。最后，学生提出调整措施，做出具体改进。自我反馈阶段结束后，学生根据各项反馈的信息重新返回到自我定标环节，调节原目标或原计划中不适宜的内容，再一次开启新的循环。

4. 自我激励

自我激励，首先是动机激励，主要体现在自我定标阶段。在自我定标阶段，学生通过自我认知，明确自我需求，制订发展目标和计划，以此激励自己朝着既定目标不断努力。其次是过程激励，主要体现在自我实施阶段，具体表现为责任心和意志力。该阶段，学生依照计划流程逐步实施，每一环节都要做到脚踏实地，为自己的行为负责。最后是结果激励，主要体现在自我反馈阶段。自我激励一方面表现为正反馈的自信心、成就感，即学生通过努力获得了发展，产生了积极的心理体验，这种由成功所产生的自信和成就感会激励自己继续前行。另一方面表现为负反馈的忍耐力、持久力，即在实施过程中遇到问题和困难、干扰或困惑，需要自己自勉自励、发奋抗争。

三、自教育的重要意义

（一）自教育为实现终身学习提供途径

当前世界各国都在积极倡导终身教育和终身学习理念，强调通过教育培养人，即促使个体“自我肯定”“自我独立”，使人能成为“真正的自己”，能够自主地持续学习，这也是终身学习的价值追求。① 可见，终身学习的理念已成为新时代教育的一个主要方向。

1. 自教育顺应了由教向学转变的趋势

终身学习的实现需要自教育的推动，需要个体具有自教育意识和自教育能

① 李兴洲，耿悦．从生存到可持续发展：终身学习理念嬗变研究要基于联合国教科文组织的报告［J］．清华大学教育研究，2017（1）：94—100.

力。从他教育到自教育可以理解为从学会到会学，既奠定了知识和技能的坚实基础，又培养了自主学习的意识和能力，学习的兴趣及求知的欲望逐步增强，由此逐步实现自我超越。

2. 自教育助推终身教育使命的完成

在学校教育中，个体主要通过他教育和自教育来提高自己的素质和能力，而步入社会之后，个体则主要依赖自教育，主动吸取新的知识，提高自己的生存技能，使自己努力成长为社会主义事业合格的建设者和接班人。因此，人只有通过自教育，才能完善自己、发展自己，只有自教育才能完成终身教育这一使命。

3. 满足信息时代深度学习的需求

自教育能够促使人适应信息化、数字化时代的加速度，实现在学校教育系统之外的不间断的学习。一方面，自教育有助于高效检索资源。面对互联网时代的海量资源，自教育能够帮助学生高效检索相关的有效信息，提高自身的学习效率。另一方面，自教育能够促进深度学习。自教育能够帮助学生整合有效信息，并迁移应用到不同情境中，能够找出解决问题的多种方案，促进深度学习的发生。

（二）自教育为教育领域变革提供支持

1. 顺应新时代普通高中育人方式变革

自教育是一场突破传统教学模式、针对自我的革命，引发我们对于教育与学习的关系进行重新认识。在新时代，深入推进适应学生全面而有个性发展的教学改革，需要充分唤醒学生主体意识，激发学生内在潜能，建立基于“看见每一位学生”的个性化的教育资源供给体系，让每一个人找到适合自己的发展领域。

2. 促使新课程改革有效施行

新课程改革的目的就是要培养学生的核心素养，促进学生的个性化发展。在课改进程中，学生的自教育是关键。文化基础习得要靠学生的自主学习，社会参与的形成需要自我体验，自主发展实质上是强调自主参与、自我体验和自主学习，而这就是学生的自教育。

3. 引领教育实践的改革创新

学校在自教育的探索和实践中，有关课堂课程与管理改革的实践经验、校长的重要作用、教师的成长路径、拔尖创新学生的培养等，为教育领域内的改革提供了一个思路、一个角度、一个借鉴。从学生方面来说，既解决了学困生自主学习、自我发展内在动力不足的问题，又探索了学优生即美术拔尖创新人才培养的途径。从教师方面来说，解决了教师工作和专业发展动力不足的问题。从学校方面来说，系统构建了中学美术特长生培养模式，为新时代中学育人方式变革提供了一个校本化的新样态。

（三）自教育为创新人才培养提供基础

1. 有助于培养创新思维

自教育更重视学生能力的培养。在自教育过程中，学生为了解决问题通过各种方式去思考探索，有效训练了学生探索问题的敏锐性、思维的灵活性，培养了发散性思维，并且通过各种实践增强了他们的动手能力。学生通过自教育摆脱了教师思维定式的影响，获得了发散思维的广阔空间。

2. 有助于提升创新能力

自教育为学生创新能力的提升提供了非常好的机会。学生以兴趣和动机为先导，发挥自己的能动性，获取、积累和整合知识，构建基于某一问题的合理的知识结构和能力结构。在此基础上，最大限度地发挥自身潜能，锻炼思维能力、表达能力、实际操作能力、科研能力、组织管理能力和社交能力等，最后通过知识和能力的升华，进一步提升创新能力。

3. 有助于塑造创新人格

创新人才不仅要有广博扎实的基础知识和灵敏的思维能力，还要有健康的心理和创造的个性。自教育对创新人格的塑造具有积极的促进作用，因为自教育能使学生自觉地优化个性心理品质，从各方面培养崇高的人格，有利于学生创造力的发展。

（原载《中小学校长》2021 年第 11 期）

教育扶贫视角下高中教师的贡献研究
——以保定市美术中学凉山支教教师为例

扶贫攻坚是“十三五”规划中落实“四个全面”战略布局的重要举措。而相对于经济扶贫、政策扶贫、项目扶贫等，教育扶贫直指贫困地区贫穷落后的根源，是阻断贫困代际传递的重要途径，是帮助贫困地区彻底平稳脱贫的重要推手。教育扶贫是精准扶贫的治本之策，“扶贫先扶志，扶贫必扶智”①。转变贫困地区人们的落后观念，实现精神脱贫，带动偏远地区教育质量的提升，让适龄儿童接受优质教育，对彻底实现脱贫致富意义深远。2018 年，中共中央、国务院出台了《关于全面深化新时代教师队伍建设改革的意见》《关于打赢脱贫攻坚战三年行动的指导意见》，教育部、国务院扶贫办印发了《深度贫困地区教育脱贫攻坚实施方案（2018—2020 年）》等文件，国家对教师队伍建设和教育扶贫工作极为重视，教师在教育扶贫工作中的重要性显而易见。

一、扶贫先扶智，教师是教育扶贫的中坚力量

近年来为打赢脱贫攻坚战，全国各地采用各种各样的方式开展了轰轰烈烈的扶贫活动。教育扶贫作为其中一项重要内容，也在各地以不同形式开展起来。各地的扶贫工作在取得非凡成绩的同时，挑战也随即产生。以教育扶贫为例，很多基层干部将教育扶贫理解成教师扶贫，让教师离开讲台，离开校园，用行政命令要求他们去完成物质扶贫，这难免力有不逮。本应是基层干部的分内工作，却让教师代劳，这既影响了教师教书育人的本职工作又不能收获到最佳的扶贫效果，属于典型的资源错配。这种做法，违背了政府所倡导的精准扶

---

① 陈恩伦，郭璨．以教师精准培训推动教育精准扶贫［J］．中国教育学刊，2018（4）：5.

贫的初衷。

教师是教育扶贫的中坚力量，“教师扶贫的主战场是三尺讲台，擅长的是扶志治愚”①。贫困地区的教师提升自己的教学水平，讲好每一节课，将理想信念厚植于学生的心灵，将知识技能传授给学生，使学生将来能够为国家的繁荣富强做出贡献，或至少能有一技之长，改变家庭和地区的贫困状况，才是以扶智治愚助力教育脱贫。而教育资源相对优越的地区，教师通过支教活动发挥辐射带动作用，也是教育精准扶贫的一种重要形式。教师借助政府搭建的“国培计划”支教活动平台，到“三区三州”等国家深度贫困地区进行支教工作，是助力教育扶贫的重要行动。

二、教师赴凉山州支教，带动助力教育扶贫

为贯彻落实中央脱贫攻坚的指示精神，加大教育扶贫工作力度，响应教育部教师工作司依托校长国培计划结对帮扶凉山彝族自治州中小学校的号召，2019 年 6 月，在接到教育部教师工作司关于开展四川凉山彝族自治州的帮扶文件后，教育部校长“国培计划”——中小学名校长领航工程人大附中联合总校、中国人民大学教育学院联合培养基地，在刘彭芝校长的有力组织与推动下，联手基地一、二期名校长工作室迅速展开支教动员工作。北京市八一学校和保定市美术中学积极组织优秀教师赴凉山彝族自治州冕宁县支教。两校共二百余名教师踊跃报名。经过层层筛选，最终确定了三位教师组成支教团队奔赴凉山。

大凉山地区，是国家扶贫开发工作的重点县区。2018 年习近平总书记视察凉山时，强调治穷先治愚，扶贫先扶智，决不能再让凉山的孩子输在起跑线上。三位教师，牢记习总书记扶贫先扶智的讲话精神，背负着党和国家的重托，凝聚两校全体师生的意志，承载凉山人民的希望，赶赴受援地履行教育使命，将自己学校凝练出的自教育思想带到了冕宁县民族中学。因为其主动作为，富有工作热情，三位教师均被县教育局正式任命为冕宁县民族中学副校长，分管教学、德育、艺体三方面工作。

---

① 张志锋．扶志治愚，教师扶贫主战场［J］．云南教育：视界，2018（11）：1.

自教育思想中有一个成长理念，就是以校长的主动成长引领教师的主动发展，以教师的主动发展引领学生的主动成长。三位支教教师在冕宁县民族中学的工作也是在这样的理念下开展的。教师是教育扶贫主力军，“三区三州”深度贫困地区教育精准扶贫应准确聚焦当地教师的教育能力建设。三位支教教师通过在冕宁县民族中学带班授课，并作为副校长引进保定市美术中学的自教育治理理念，对学校教学和管理等各个层面进行了全面规划和精心部署，有效促进了学校教师教学能力的提升和校园整体环境的改善。具体而言，三位教师主要做了以下六个方面的工作：

（一）全面诊断，做规划谋发展

三位教师抵达冕宁县民族中学后，立刻投入到教育帮扶工作中。面对陌生的环境，首要工作便是对学校和师生的具体情况进行细致的调研。没有调研就没有发言权，只有在深入了解受援学校教育教学情况的基础上，才能给予其真正有建设性和针对性的建议和指导，真正帮助受援学校解决问题，提升教育质量。他们通过考察学校、随机听课、访谈、研究分析等方式帮助冕宁县民族中学从政策环境、自我发展现状、历史遗留问题、未来发展方向等方面进行了全方位的诊断。

冕宁县民族中学，是一所具有悠久历史且具有民族特色的普通初级中学，地处冕宁北山坝，在编教师 97 人，在校生 1700 余人，80％以上为寄宿制学生。在学生管理方面，学校存在不少问题。例如班主任管理手段简单、粗暴，不够尊重学生的个体意识；在升旗仪式上学生着装不统一，只有学生单调地读稿，教师东张西望、左顾右盼，不能给学生做出表率；学生卫生习惯差，教室及校园环境没有专人负责；很多学生随地吐痰，乱扔垃圾，甚至在教学楼楼梯等地方随地大小便；眼保健操及课间操等流于形式，没有教师参与管理，学生只是伴随音乐随意进行，无法达到保健及锻炼的效果。另外，校园内还存在谈恋爱、抽烟、饮酒、打架斗殴、收保护费、盗窃等现象，教师未能在这些问题上进行有效的管理。

通过对冕宁县民族中学教师年龄结构及学历进行调查，三位教师了解到冕宁县民族中学师资短缺，教师队伍老龄化严重，年轻教师占比较小。年轻教师在进入该校后受学校环境影响难以做出较为突出的成绩，所以大多教师对教学工作不求上进，缺乏责任心。而且很多老教师即将退休，这导致民族中学师资短缺的问题愈加突出。冕宁县民族中学的多数教师及中层领导认为，生源质量是影响教育教学成果的唯一原因，并没有寻找自身所存在的教育管理问题，也没有意识到教师职业思想倦怠与思想落后所引发的问题。

学校本应以教学为重中之重，而冕宁县民族中学在教学方面也存在着诸多问题。冕宁县民族中学教师没有坐班制度，加上之前提到的师资短缺问题，导致一名教师担任多学科教学工作的现象严重，使得教师没有时间进行备课和作业辅导，上课也缺乏热情，不能有针对性地教育学生，经常带情绪上课，教学也没有统一进度。在此基础上，教师更是难有精力进行教育科研工作。在课堂教学方面，学生的课堂状态散漫，因知识基础薄弱，常常出现课堂睡觉、走神等现象。教师上课状态不佳，甚至出现上课迟到的现象，一些教师因为没有熟练掌握多媒体教学技能和科学的课堂模式，经常出现一言堂和照本宣科的情况。同时学校没有安排统一的年级考试，仅有学科的随堂考试和凉山州在学期末组织的全州考试。这使得教师无法及时掌握学生的学习进度和对知识的掌握情况，没有教学反馈则容易出现教学混乱。

在德育方面，冕宁县民族中学培育目标不明确，缺乏德育课程，无法从学校实际出发，制定明确的培养目标，也不能根据学校和学生的实际情况形成有效的培养机制。同时学校缺少相应的入学教育课程，致使学生理想、目标不清晰。学校还缺乏养成教育，不能让学生了解团结合作的重要性，也无法使学生对接下来的学习生活做好充分的思想和心理准备，更遑论以崭新的精神面貌和昂扬的心态迎接未来三年的中学生活。

三位教师通过调查还发现当地家长存在着严重的读书无用论思想，不重视孩子的学习。另外当地居民的经济情况比较差，同时还存在严重的赌博现象，多数居民思想滞后。部分孩子为留守儿童，父母外出打工，无人照看孩子，更无暇关注孩子的学习问题。除此之外，当地自然灾害多发，在支教团队到达冕宁不久就遇到了洪水，因洪水引发的泥石流冲毁了多个村庄，学生中也有人失去了亲人。在这样的环境下，很多家庭经济困难，缺少收入来源，无力支撑学生的学习生活，学生也没有时间和精力放到学习上。

基于调研结果，三位支教教师与冕宁县民族中学的校长、干部和教师共同探讨学校未来发展之路，依据自上而下与自下而上相结合的原则制定了学校三年发展规划、课程建设方案、学校文化建设方案、学校治理体系建设方案、德育方案、体育方案、美育方案与劳育方案。对各项问题重点规划，突破发展瓶颈，助力冕宁县民族中学的进一步发展。

（二）管理改革，定制度明规则

现代化的学校制度建设是教育改革的轴心。"我国的教育改革指向教育的现代化。教育现代化的重要层面是教育制度的现代化，而教育制度现代化的核心是建设现代学校制度。"① 学校制度建设对于学校治理能力和教育质量的提高有着举足轻重的意义，进行现代化的组织制度改革是实力薄弱的学校亟待开展的重要工作。现代学校制度最根本的目标是实现学生的全面发展，"现代学校制度必须是开放的、民主的、以人为本的，最终指向育人的制度体系"②。基于冕宁县民族中学内部管理僵化、缺乏民主、管理效果不佳等问题，三位支教教师引入了已经在保定市美术中学获得良好实践效果的自教育治理体系。首先，创设立体平台，提高管理效能。搭建校长领导下的决策平台，学校中层领导负责下的管理平台以及级部和班级的执行平台，优化内部管理机制，提升民主程度和执行效率。其次，明确管理原则，激发管理活力。管理依照"标准、检查、评价、奖惩、整改"的闭环程序，明确各项工作原则，给予师生更多的话语权，充分发挥师生参与管理的积极性、主动性和创造性。再次，组建自组织，引领协同发展。由拥有共同成长需求的教师和学生组成成长共同体，进行交流对话，互相学习，共同提高，如组建了干部成长共同体、班主任成长共同

---

① 张乐天．对重启教育改革议程的思考［J］．复旦教育论坛，2013（3）：5.

② 朱小蔓，刘贵华．功能·环境·制度——基于生态理念的现代学校制度建设［J］．华东师范大学学报（教育科学版），2006（2）：8.

体、各学科任课教师成长共同体、班长成长共同体、各学科课代表成长共同体等。最后，规范教学行为，提高教学质量。依据“计—同—备—讲—练—辅—考—评”的教学环节，制定并完善各项教学制度，并组成教学督查小组，通过“把脉”“开方”“诊疗”等一系列行动，对教师候课、上课、课后反馈等环节进行督查。针对出现问题的教师限时整改，并将教学情况纳入教师综合评价，有效提高了教学质量。

（三）教师成长，搭平台提能力

为了解决冕宁县民族中学教师成长动力不足等问题，三位支教教师与冕宁县民族中学共同采取了一系列强有力的措施。支教教师作了《自教育理论与实践》的专题报告，为全体教师介绍了在保定市美术中学取得了良好实践效果的自教育理论，重点介绍了与教师成长相关的内容，从思想观念上解决教师停滞发展与职业思想倦怠的问题。基于自教育思想，支教团队帮助冕宁县民族中学塑造有利于教师成长的反思文化，形成了“一日两反思”制度；制定了《民族中学教师职业发展规划书》，引导教师自觉对标、自主成长；搭建了他成长链和自成长链，全方位促进教师专业发展；引领教师开展教育科研，促进教师向学习型教师转变。通过建立以上帮助教师成长的有效机制，教师的主动性得到充分发挥，教师的快速成长与学校的高质量发展得到推动。

（四）课堂改革，变观念强活力

支教团队来到民族中学后，每人都积极主动承担了一定的教学任务。针对冕宁县民族中学教师教学行为懒散、学生课堂状态懈怠、课堂整体无序低效的具体情况，三位支教教师结合自教育思想下的“自本课堂”模式，推进课堂改革。三位支教教师率先在自己的课堂中应用“自本课堂”模式，将课堂分为目标导学、自主学习、合作探究、分组展示、当堂达标五个教学环节，通过教师点拨、引导和帮助，学生独学、对学、群学、展示、交流、质疑和对抗等方法，激活课堂，提高课堂学习效率，有效凸显了师生共同作为学习者的特征，推动教学进入“新学习样态”。经过半年的实践，课堂改革取得了明显效果，开始在全校范围内推广。

（五）入学教育，铸理想养习惯

针对民族中学的学生理想、目标不清晰，养成教育缺乏等问题，支教团队将保定市美术中学的“入学教育”课程体系进行适当调整，制定出适合冕宁县民族中学学情的入学教育课程方案。

2019 年 9 月 23 日至 29 日，三位教师组织开展了为期一周的 2019 级新生入学教育。参与人员包括初一全体新生、任课教师及学校行政岗教师。本次入学教育涵盖军训课程、组织课程、制度课程、梦想课程、心理课程、生命健康与安全课程、研学课程、劳育课程八个模块。这些课程对学生的理想铸就、意志锻炼、团队协作、习惯养成、学习入门等进行全方位的训练，引导他们学会学习，爱上阅读，坚持每天锻炼，在实践中反思自己，学会有主见、有计划地做事情，对身边的人表达爱和善意，养成善于沟通与合作等良好习惯，使其具备勇于探索、敢于担当、大胆创新等优良的品质。

一周的学习和训练，引导学生们养成了文明有序的学习、生活习惯，激发了学生自立、自强的自我管理意识与合作互助的团队意识，同时使学生锻炼了体魄、磨炼了意志、打开了心扉，自觉树立了人生理想，明确了成长的方向，以昂扬自信的精神状态投入到接下来的学习生活中。

（六）改善条件，美校园暖人心

三位支教教师资助了冕宁县民族中学的 8 名品学兼优的贫困学生，以最直接的方式改善学生的生活。在得知冕宁县民族中学图书资料比较欠缺的情况后，支教教师积极组织保定市美术中学、北京市八一学校保定分校的师生捐赠图书，共计募捐图书 1 万余册，价值 5 万元，为冕宁县民族中学提供了大量的图书资料，助力学生成长成才。在知晓洪水、泥石流等自然灾害给学生家庭带来的困难之后，支教教师积极到受灾学生家中慰问了解情况，帮助家长寻找问题的解决办法，助力学生重建生活和学习的信心。此外，还为民族中学的每位教师捐赠了冲锋衣，价值 4 万元，以绵薄之力温暖人心。

经过一年的帮扶，学校在德育、智育、体育、美育、劳育等各个方面都有了很大改善。冕宁县民族中学和冕宁县教体局对三位教师的支教工作表示了高度肯定，并专门致信保定市教育局对支教教师表达感谢。2020 年，中共中央宣传部和教育部联合授予凉山支教帮扶团队“最美教师团队”的荣誉称号。

三、支教重实效，长期跟进确保帮扶到位

仅从实际在岗时间上来说，支教教师到深度贫困地区支教只是相对短期的帮扶行动。这种教育扶贫的模式往往存在一定的弊端，单纯的外来教师的教育帮扶很难满足当地教师情境化、常态化的学习需求，想要短时间内提升教师的专业水平并改变学校的教育管理模式难度很大。很多时候，在支教教师离开后，他们所带来的先进的育人模式和管理理念在受援校的实践也会中断。为了避免出现这种状况，除了创新帮扶模式之外，如北京师范大学教师教育研究中心在 2018 年开始组织实施中国教师教育精准帮扶公益活动——“启师·沃土计划”，一般教师的支教活动还可以通过学校间的长期跟进、及时沟通、定期指导等措施确保支教教师在校期间所实施的一系列改革措施能够得以长期实行，并不断焕发新的活力。

三位支教教师的支教工作虽然结束了，但保定市美术中学仍将实施长期的教育扶贫计划，继续对贫困学生进行资助；对冕宁县民族中学的长期发展规划、学校文化建设、课程体系建设、治理体系建设、课堂改革、教师成长等方面持续关注，及时沟通，适时给予指导；还将定期带队赴冕宁县民族中学考察、交流，为其提供力所能及的帮助；此外，还将与凉山州相关部门进行对接，组织选拔凉山州优秀教师来校培训学习，选拔优秀学生来校进行研学活动，充分发挥保定市美术中学的辐射带动作用。

（原载《中国高中教育蓝皮书 2020—2021〔高中教师高质量发展〕》，2021 年 12 月）

思想的力量：未来学校变革中的“自教育”

1983年，16岁的我在与同学畅谈理想时曾豪言：“投资三十万，办一所理想的学校。”1997年，保定市美术中学（以下简称“美中”）正式成立，我终于拥有了属于自己的学校。但这所学校是自己理想的吗？能成为百年名校吗？我一直在反躬自问。我认为一所面向百年的学校不能只有规模和大楼，关键要有核心思想的支撑。36年来，我一直未敢忘初心，为实现这一梦想砥砺前行。

美中走过20年的时候，我们确立了学校的核心教育思想——“自教育”思想。自教育是在长期的办学实践中自然生长出的一种朴素的教育经验，也是美中办学历史中弥足珍贵的一笔思想财富，蕴含了求学者和施教者的共同意愿。

一、自教育从何而来

自教育是我国优良教育传统的继承和发展。周洪宇教授指出：“中国古代教育史在某种意义上是一部学习史，因为中国古代的教学形式单一，教师仅仅起着引导和监督的作用，学生绝大部分时间是在自我学习和独自钻研。”如孔子提倡“内自省”“内自讼”，孟子倡导“自求”“自得”，朱熹、王守仁、王夫之等学者也特别强调“自修”“自悟”的重要性。毛泽东在早期的教育实践中，形成了具有民族特色的自教育思想，主要包括自学躬行、自律修身、自强励志等内容，且在教学中主张调动学生学习和开展自我教育的积极性、主动性和自觉性。顾明远非常关注对学生自学能力的培养，提出“学生既是教育的客体，又是教育的主体”。叶圣陶也提出“教是为了不教”的思想。纵观古今，“自学”“自得”“自悟”等优良的教育传统为自教育思想的萌芽与发展奠定了坚实的基础。

自教育是对国外进步教育思想的借鉴和创新。古希腊时期的教育思想以引导学生自学为中心，如苏格拉底以问答、诘难、诱导为特征的谈话式教育方法，倡导教师通过交谈和讨论，唤醒学生的意识，从而发现真理。到了近现代，夸美纽斯、斯宾塞、皮亚杰、苏霍姆林斯基等学者都对自我教育、自主学习进行研究和实践，其中耳熟能详的当数苏霍姆林斯基的名言“没有自我教育就没有真正的教育”。随着新技术革命的兴起，“知识爆炸”时代来临，终身教育和终身学习成为世界上最有影响的教育思潮。西方国家进行了一系列教育改革，纷纷倡导学生自学，如布鲁纳提出发现法，认为学生学习要依靠亲身的观察和独立的思考去掌握科学的知识结构；赞可夫认为“凡是儿童自己能够理解和感受的一切，都应当让他们自己去理解和感受”。此外还有布卢姆的“掌握学习理论”、罗杰斯的非指导性教学、奥苏贝尔的先行组织者理论等。

自教育是素质教育的贯彻落实。通过对我国近20年主要教育政策的分析可以发现：从1999年《中共中央、国务院关于深化教育改革全面推进素质教育的决定》提出的素质教育开始注重全面发展、注重面向全体学生之后，政策的核心精神越来越关注学生的自主学习、主动发展，强调人人参与、人人成才，特别是《中国教育现代化2035》更加注重面向人人。可见，教育关注的重点逐渐由学生整个群体的发展转向每个学生的发展，强调发挥每个学生的自主性、能动性和创造性，这无疑是教育理念的又一大进步。教育不仅需要“他育树人”，也需要“自育树人”，自教育思想正是紧紧围绕党的教育方针，积极响应国家教育政策，以每个学生的终身发展与完整成长为目标，激发学生内在的发展动力，把教育转化为学生的自教育，培养德智体美劳全面发展的社会主义建设者和接班人。

自教育是先进教育理论的具体实践。自教育有机融合了认知心理学、终身学习、人本主义、内外因等先进教育理论。首先，从认知心理学来说，个体学习行为的发生往往伴随着内部心理机制的变化，从已有知识经验的输入到内部心理的层层加工，再到知识与技能的外显化，这就是自教育的过程。其次，自教育强调着力培养学生的自主学习能力，让学生掌握自教育的方法与途径。这与终身学习的本质特征相得益彰，即都是通过自知、自信、自律、自强等一系列自我意识下的动作来达到教育目的，促进人终身发展与完整成长。再次，自教育认为教师的作用在于“引导”学生学会如何学习，使学生在自我探索的过程中达到自我完善、自我成长的境界，而“成为一个完善的人”，充分体现了人本主义教学观的精髓。最后，在教育领域，他教育即外因，自教育即内因，自教育不排斥他教育的作用，而是强调将他教育与自教育有机融合，同时使个体的成长由他教育为主逐渐转向自教育为主，不断发展自己、超越自己，最大程度地实现自身的价值。

自教育是新时代教育实践经验的提升。基础教育的最大“病灶”就是把学生当作工具或容器进行被动改造或教育，教育当中存在太多教师包办和替代现象，学生学习的自觉性、主动性、独立性、创造性被严重抹杀。随着互联网时代的到来，社会对创新人才的培养提出了更高的要求，而自主学习、自主管理、自主发展是创新人才必不可少的素质，这也是学校育人方式变革的方向和趋势。恰恰当前新技术、新媒体、新手段为个性化学习、自主性学习创造了条件，也使自教育成为可能。

总之，自教育思想，既是美中自然生长的教育理论，也是办学实践校本化的表达。自教育在美中的发展不是一蹴而就的，是从无到有、由星星之火演变为遍地开花的过程，是美中人集体智慧的结晶。在自教育思想的形成过程中，理论和实践相互穿插，理论指导实践，又从实践中总结、提升出理论的精华，两者相互依存、相互促进，共同推动自教育思想在学校的发展壮大。

二、自教育如何理解

（一）自教育的定义

我和我校教师团队融合新时代元素，对自教育进行了校本化的定义。自教育是指作为主体的人，自己把自己作为教育对象，以影响自我身心发展为直接目标的活动。个体自身发展的需求是自教育的起因和动力，个体基于内在需求明确目标，为了达成目标实施自教育行为，自发自觉地进行自我调节和自我完善，提高自身素质和技能；同时自教育不排除外部世界和社会环境的影响，个体在外部世界和社会环境中所接触的一切人和物都可能激发其产生兴趣和求知欲，从而引发自教育行为，主动学习、积极求教，通过自我感知、自我思考、自我判断、自我觉悟内化为自身的经验和技能，实现自我发展。

（二）自教育的过程机理

一切的教育活动都是一个过程，都是以过程的形式存在和发展的。自教育活动的展开也必然表现为一个过程，正确认识和把握自教育过程的本质和规律，是有效开展自教育活动，实现自教育目的的重要保证。

自教育始于自我发展意识的觉醒和自教育目标的确立。个体自我发展意识的内容包括三个方面：对自己过去发展过程的意识，对自己现在发展状态、发展水平的意识，以及对自己未来发展的期许和为未来发展规划的意识。自我发展意识是自教育的开始，也是实现自主发展的基础和前提。

自教育实施于主体进行的活动与交往中。教育活动是教育实践的方式，是师生学校生活的构成。交往是活动的最基本形式，也是活动的社会本质特征。人们通过交往，自己认识、影响他人，反过来也通过他人认识自己、教育自己。

自教育的第三个阶段是学生获得发展，产生积极的心理体验。自教育从发生、展开到学生获得发展，产生成功的积极的心理体验，形成新的目标，实现下一轮的自教育过程是一个循环往复、螺旋上升的过程，从而促使人不断进步、不断成长的过程。

（三）自教育的特性

自教育的三类主体。自教育认为，学校教育应该包括三类主体——校长、教师、学生。校长应该是学校思想的凝练者、学校文化的缔造者、学校战略的选择者、师生成长的引领者。教师要充分发挥自己的主体性，促进对自我的教育，自觉成为学生理想自我建构的榜样。学生要能够能动地发展自己的潜能，通过自我设计、自我构建、自我努力逐渐实现自身的成长。

自教育的合一目标。根据党的教育方针，从历史和现实的教育实际出发认识教育的本质，我们结合学校的办学实践，提出自教育的合一目标——终身发展与完整成长。终身发展与完整成长相辅相成，缺一不可，既体现了自教育在时间上的目标，又体现了自教育在空间上的目标。首先，从时间上来说，自教育要自始至终贯穿于个体一生，实现个体持续的发展与成长；其次，从空间上来说，自教育的最终目的是实现个体的完整成长，不仅是心理与身体、理性与非理性、人格与能力的完整成长，更重要的是学会自教育，具备自教育的能力，实现自身的价值。

自教育的三项原则。原则是根本性的真理，它构成了行动的基础，通过行动让你实现生命中的愿望。经过深入思考后，凝练出自教育的三项原则——自由、规则、守一。“自由”是一定规则下的自由，注重人的自我解放、自我选择和自我创造；“规则”是由教师和学生共同协商制定的行为规范和要求，提倡平等与自愿；“守一”指不忘初心，恪守规范，终有成就。

（四）自教育与他教育的关系

教育包括他教育和自教育两类教育。教育是上位概念，他教育与自教育都属于下位概念，完整的教育是两者的“二维一体”。两者相互平行缠绕，相辅相成，相互促进发展。

自教育与他教育是辩证统一的关系。自教育的意识和能力有赖于他教育的唤醒和激发，他教育能否取得良好的效果，关键看自教育的能力和程度。从横向看，人的每一次教育活动都既有他教育也有自教育，只是两者的比重随教育活动的目的、性质、特点差异而有所不同而已。从纵向看，人发展的每一个阶段既有他教育也有自教育，随着年龄的增长和个人发展水平的提高，他教育的比重越来越小，而自教育的比重则越来越大。

自教育与他教育呈动态变化趋势。从纵向看，教育活动主要由他教育开始，随着他教育转化为自教育，他教育由强至弱，自教育由弱至强，并逐渐由他教育为主发展到自教育为主，最终每一个教育活动的落脚点都体现在自教育上。从横向看，某一时期、某一阶段、某一方面教育活动中的他教育与自教育的关系也呈现同样的变化趋势。在各个不同方面、不同阶段都存在着他教育与自教育螺旋上升的动态变化。

三、自教育如何实践

自教育是一套系统的理论与实践体系，涵盖学校文化、课程体系、课堂教学、学校治理、校长与教师专业发展及学生自主成长等方方面面，是美中教育教学工作的行动纲领，是全体师生的行动指南。

（一）自教育文化

自教育文化是在梳理美中23年自力更生发展历程的基础上，从美中三类主体自主构建自然生长的生命实践场这一现实出发，探寻到的影响和主宰学校发展的精神内核。自教育文化中的每一类主体都既是承载者，又是创造者，以自身的言行凝聚成学校共同的价值观，在趋同的价值观中“自如其然”，重塑自我，成就自我。

在自教育思想的引领下，美中充分调动全体教师的智慧和热情，集思广益，逐步构建了以精神文化、制度文化、行为文化、物质文化为主体的学校文化体系，凝练出“为未来的画家、设计大师奠基”的学校使命，“为全球学校贡献价值”的办学愿景，“培养美术拔尖创新人才”的培养目标，“自己创造未来”的校训，“自由自在、自觉自愿、自治自励、自立自强”的校风，“自觉觉人、自省省人、自律律人、自利利人”的教风，“自学自悟、自动自发、自始至终、自然而然”的学风。

（二）自教育治理

自教育治理是一种建立在特定目标导向、文化引领、机制保障下的自治，是“要我做”的被动接受到“我应做”“我愿做”的自觉行动的转变过程。在自然而然、自如其然的学校文化引领下，积极探索自教育治理模式及运行机制，最终实现自治自律，自动运转。

自教育治理减少制度的管控性规范与约束，以激励、引领、和谐作为自教育治理的核心，使每一位师生都具有参与学校治理的自觉性、主动性、创造性，总结出“自定标准、自主承诺、自定奖惩、自查互查、自评互评”的自教育治理二十字方针，这也是自教育治理的五个核心环节。各教育教学环节均由师生自下而上建立、修订标准，成立学生、老师、学科、级部、学校等各级验评组，依照标准自评、互评，自定奖惩，内化自持，达人达己。变制度下的监督命令为师生的自觉认同和执行，激发师生内在潜能。

（三）自教育课程

课程决定了一个学校的教育生态，决定了一个学校学生生命的状态，决定了一个学校学生未来发展的前景。美中自觉肩负“为未来的画家、设计大师奠基”的使命，期望学生能够主宰自己一生的命运，支撑未来中国的美术事业，真正实现“自己创造未来”。为了完成这个使命，美中一直在课改的道路上锐意前行，积极探索适合不同个体需要的课程体系。

自教育课程即是在自教育思想下整合开发的课程，以学生、教师、校长、家长为主体，以终身发展与完整成长为总目标，通过学生自教育课程、教师自教育课程、校长自教育课程、家长自教育课程四大核心课程体系，让学生、教师、校长和家长在丰富的课程群中不断明晰自我概念、提高自我意识、确立自我形象、增强自我力量，真正实现自知、自信、自律、自强。

（四）教师成长模式

学校在教师成长方面不断调整思路，在自教育文化的引领下，为教师成长搭建了组织平台，在激励教师自我成长的同时创新路径，减少制度的管控性约束，充分发挥教师的自觉性、主动性和创造性。

制定发展规划，明确成长方向。教师的职业生涯规划只有基于自愿、主动发展，才能有强烈、持久的成长驱动力。美中制定了《保定市美术中学教师职业发展规划书》，助力教师提高职业认同感，提升职业价值。

构建成长共同体，引领协同发展。教师积极融入学校的各类共同体中，为自己创造各种交流学习的机会，在共同体中解决工作中遇到的困难，尽快为专业发展之路扫清障碍。

创设成长平台，促进专业提升。基于教师成长目标，学校创设了立体式、综合式的成长方式，构建了教师成长链和教师自成长链。教师成长链包括日反思会、周成长课、月成长汇、学期成长节四大模块，教师自成长链包括学、思、行、研、著五个环节。

开展教育科研，凝练实践成果。美中一直以来致力于转变教师发展模式，促进教师由勤奋型向研究型转变，形成了“事事可研究、事事要研究，人人有课题、人人出成果”的良好氛围。

四、自教育有何价值

（一）自教育为实现终身学习提供途径

自教育顺应了由教向学转变的趋势。终身学习的实现需要自教育的推动，需要拥有自教育意识和自教育能力。从他教育到自教育可以理解为从学会到会学，既奠定了知识和技能的坚实基础，又培养了自主学习的意识和能力，学习的兴趣及求知的欲望逐步增强，由此不断推动人们向前，逐步实现自我超越，正如彼得·圣吉所言：“自我超越的人永不停止学习，他们对生命的态度就如同艺术家对艺术作品一样，全心投入，不断创造和超越，这是一种真正的终身学习。”

自教育助推终身教育使命的完成。终身教育是一种自我学习、自我教育的理念，是传统教育的一种解放。在学校教育中，个体主要通过他教育和自教育来提高自己的素质和能力，而步入社会之后，个体则主要依赖自教育，自发自觉地吸取新的知识，提高自己的生存技能，使自己努力成长为社会主义事业合格的建设者和接班人。因此，人只有通过自教育，才能完善自己、发展自己，只有自教育才能完成终身教育这一使命。

满足信息时代深度学习的需求。在信息化时代，自教育在知识学习和资源获取方面显得尤为重要。其一，自教育推动了学习需求。自教育是一种理念，是一种“我想学”的强烈愿望，数字化时代的海量资源正好迎合了学习者所需，让学习者随时随地都可以在信息的海洋中遨游。其二，自教育有助于理性鉴别资源。互联网时代引起了教育的巨大变革，提供了海量的教育资源。自教育促使一个人学力不断提高，从而在大数据面前能够理性判断、甄别和搜寻有用的信息和动态。其三，自教育能够促进深度学习。自教育使得学生整合信息与建构新知识，并在不同情境下自觉迁移运用，尝试问题的多维破解可能，能有效促进深度学习、终身学习的发生。

（二）自教育为教育领域变革提供支持

顺应新时代普通高中育人方式变革。自教育是一场突破传统教学模式且针对自我的革命，促使我们重新审视教育与学习的关系。他教育主宰学生学习的时代一去不复返，学生成为自教育、自学习的主体。在新时代，深入推进适应学生全面而有个性发展的教学改革，需要充分唤醒学生的主体意识，激发学生的内在潜能，建立基于“看见每一位学生”的个性化的教育资源供给体系，让每一个人找到自己的优势和特长，找到适合自己的发展领域。

促使新课程改革有效施行。新课程改革归结起来就是要关注学生个性发展，使学生真正成为学习的主人，能够自觉参与、乐于探究、勤于动手，最终获得分析、解决问题的能力。为了使新课程改革得以有效施行，为了学生核心素养得以培养，学生的自教育是关键。文化基础习得要靠学生的自主学习，社会参与的形成需要自我体验、自我感悟，自主发展实质上是强调自主参与、自我体验和自主学习，而自主学习、自我体验都是学生的自教育。

引领教育实践的改革创新。40余年来，我国教育领域改革的深度、广度前所未有。在充分肯定教育领域改革成就的同时，我们也要清醒地认识到，因为地缘、校情、师情、生情的不同，教育领域的课堂、课程、管理改革等还存在不平衡、不协调的问题，需要在全面深化教育领域综合改革、推进教育治理体系和治理能力现代化的进程中加以解决。美中在自教育的探索与实践中，有关课堂课程与管理改革的实践经验、校长的重要作用、教师的成长路径、拔尖创新学生的培养等，恰恰为教育领域内的改革提供了一个思路、一个方向、一个角度、一个借鉴，为新时代中学育人方式变革提供了一个校本化的新样态。

（三）自教育为创新人才培养提供基础

有助于培养创新思维。自教育打破传统教育重视书本知识传授而忽视思维能力培养的局面，自教育更重视学生能力的培养。学生在自教育的过程中必然会遇到很多问题，为了解决问题他们必须通过各种方式去思考探索，这个过程有效训练了学生探索问题的敏锐性、思维的灵活性，尤其是对关键的创新思维——发散性思维进行了可贵的训练，并且通过各种实验增强了他们的动手能力。最可喜的结果是他们在这个过程中不仅可以把知识学深学透，还时而产生创见性的观点，通过自教育完全摆脱了教师思维定式的影响，获得了发散思维的广阔空间。

有助于提升创新能力。创新人才的培养，以获取知识为基础，以开发智能为手段，以发展创新能力为核心，以提高综合素质为目标。自教育为学生创新能力的提升提供了非常好的机会。学生以兴趣和动机为先导，发挥自己的能动性，获取、积累和整合知识，构建基于某一问题的合理的知识结构和能力结构。在此基础上，最大限度地发挥自身潜能，锻炼思维能力、表达能力、实际操作能力、科研能力、组织管理能力和社交能力等，最后通过知识和能力的升华，进一步提升创新能力。

有助于塑造创新人格。创新人才不仅要有广博扎实的基础知识和灵敏的思维能力，还要有健康的心理和创造的个性。自教育对创新人格的塑造具有积极的促进作用，因为自教育能使学生自觉地优化个性心理品质，从各方面培养崇高的人格，有利于学生创造力的发展。具体表现为：自教育有利于培养学生较强的责任感、使命感，学生自觉地把个人的前途、命运与国家的前途、命运联系在一起；自教育有利于培养学生坚强的意志和自制力，从而克服创新过程中的艰难险阻；自教育有利于培养学生科学的世界观和方法论，学会辩证思维，在创新活动中既能独立思考又能团队合作，既能遵守规则又敢标新立异。

普通高中家校共育实践创新探索

——以保定市美术中学为例

家校共育是基于家庭与学校之间合作的基础上，双方更进一步地互相配合、融合与支持的过程，从而形成促进孩子全面发展的合力环境。家校共育的程度与质量直接影响着学校人才培养的效果。如何协调好家庭和学校的教育，使两者教育形成合力而不是相互抵消，这对每个中学生及中学生的家庭乃至整个社会都是至关重要的。在自教育思想的指导下，保定市美术中学（以下简称“美中”）在长期实践中，探索出一套提升家校共育的路径，包括明权责、定制度、创社群、塑文化、开课程、做活动。

一、明权责

所谓“家校共育”，就是充分发挥好家庭、学校的作用，形成合力，共同把孩子培育好。在这一关系中，家庭和学校虽然目标一致，但职责却并不相同。家庭和学校的管理教育权责应有明确清晰的分工，应给学生和家长足够的成长空间。

家校合作中的权责划分主要表现在学校、家庭主要承担学生教育的部分。

学校教育对学生的权责表现力主要集中在“智育”方面。韩愈在《师说》中对师者的存在提出义项：“师者，所以传道授业解惑也。”这里明确指出，教师这一职业的存在意义是为了传授知识、教授学业并解答疑惑。从这个角度出发，学校则是为了保障上述教育活动有序、规范进行的平台搭建者和管理者。

父母是孩子的第一任老师，虽然由于长久以来，社会对教育的评价体系更多聚焦在学生的知识教育层面，导致无论是教师还是家长都更关注学生的学习成绩，甚至逐渐使得家庭教育成为学校教育的附庸，实则家庭教育和学校教育一样，对学生具备同等的育人作用。家庭教育对学生的权责表现力主要集中在“德育”方面。家长作为与孩子共同生活的成员，其一言一行无疑对孩子起到潜移默化的作用，好的家庭教育能够对孩子产生良性的教育引导。

学校有教育的权利和责任，家长有参与学校建设的权利和责任，而不是置身于学校之外。

二、定制度

成立家校学习共同体建设领导小组，制定家校协同成长的规则、章程，对重要事务进行讨论分析并达成共识。由领导小组制订日常的家校学习计划和组织方案，并由小组成员自主认领具体任务，从而达成目标。

（一）家长成长互动制度

1. 每个学期初，各年级选拔优秀的家长代表，并邀请家长代表做公益讲座或者公益活动。

2. 每个月学校各年级根据学生的心理特点，邀请心理学家、教育专家等为家长开展系列讲座。

3. 每个学期进行工作梳理。家委会主持召开一次家长会议，同时学校各年级、班主任、优秀任课教师代表等共同参加。

4. 每个学期末，学校主持召开一次专家、教师、家长共同参与的成长活动。

（二）家校共育制度

1. 各年级主任、家委会主席指导并负责主持制订年级的家长工作计划和撰写家委会工作总结。

2. 根据工作的需要聘请有专长的家长为学校的特别顾问，颁发顾问聘书。

3. 设立家长宣传栏，每月更换一次家校共育宣传内容。

4. 每学期由各班组织召开家长会一次，特殊情况可随时召开。

5. 每学年开学初召开全校新生家长会一次。

6. 每学年初完成学生的家访工作，并做好家访记录；对于特殊学生可根据情况增加家访次数。

7. 各班每学年安排一次与全班学生家长的单独约访工作，向家长详细介绍学生在校的发展情况；平时根据工作需要随时与家长交流沟通，并做好约访、交流工作记录。

8. 各班根据实际情况开展家长助教活动，充分利用家长资源丰富学生的生活和教育活动，鼓励家长积极参与。

9. 各班教师每周与家长联系，让家长及时了解学生在校情况。

10. 家长开放日邀请家长到学校参观体验和听课，让家长进一步了解孩子的学习环境和学习情况，根据家长需求每月组织一次开放教育活动，让家长观摩。

三、创社群

创建学习型家校共同成长社群，每月组织家校成长沙龙，同时建立线上平台，如微信平台、网络资源库等，上传各类讲座、活动、沙龙、研讨等资源，实现从“要我听”向“我要听”的转变。以家长委员会为例：

家长委员会分为两个层级，分别为班级家长委员会和年级家长委员会。年级家长委员会由各班家长委员会主席组成，各级家委会选出主席一名、副主席一名。家委会要帮助家长了解学校的工作计划和要求，协助学校工作；注重提高全体家长的家教水平，并与教师配合，共同提高对学生的教育质量；听取、联系和反映全校家长所关注的问题，把有关的信息进行归纳、分析，把意见、建议反馈给教师，促进学校各项工作的改进与提高。

家长委员会代表全体家长参与学校民主管理，支持和监督学校做好教育工作。委员会成员自行组织讨论各项议题，每次会议整理记录后再与学校沟通。此外，家长开放日、家长课程开发等活动，也都由家长委员会组织讨论，再经学校讨论后实行。

四、塑文化

在家校的互动中形成信任与支持的文化，教师、家长和学生共同建立尊重、自主、平等、共生的文化氛围。

一是加强对家校共育重要性的认识。家长有义务和权利参与到学校的教育教学工作中去。在教育教学工作中，双方就孩子出现的问题进行沟通交流，形成长期合作的意识和规划。二是在日常的教育教学过程中，增加沟通交流机会，互相体谅和理解对方。教师面对家长应该具有服务意识，在和家长进行沟通交流的时候，应该秉持理性态度，做到换位思考，站在家长的角度了解他们的想法，设身处地地为家长考虑；家长也要正确认识教师角色。事实上，教师也仅仅是学生成长道路上的方向标，为学生的发展指明方向。三是家校双方地位平等。在家校共育中，家校双方处于平等的地位，在双方沟通交流的过程中，教师指导家长教育学生，家长则要主动敞开心扉与教师交流，提出意见和建议。

文化的构建，使得家校共育的认可度和参与度越来越高，学校由此形成更加安定、专注的教育教学环境。家庭教育也随之好转，学生的思想认识和行为习惯逐步得到改变。家校双方共同净化学生成长环境，助力学生健康成长。

五、开课程

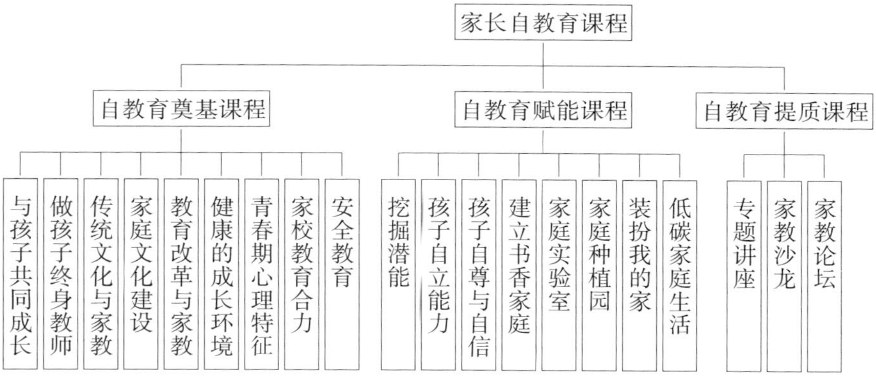

图 1　家长自教育课程

（一）自教育奠基课程

奠基课程是家长自教育课程的基础课程，旨在转换家长的教育观念、更新家长教育的知识。家庭教育观念指导主要是如何对待、教育孩子的基本观念。孩子是生长发育中的人，家长要根据孩子身心发展不同阶段的特殊规律科学地教育他；孩子最终将是独立的社会的人，家长要按照社会的标准去培养他、规范他。家教理念课程帮助家长转变陈旧的家教观与教育理念，同时树立正确的人才观、亲子观、教育观，使得家长认识到科学的家教理念直接决定了家庭教育的水平，决定了家长的教育态度与方式，最终影响亲子关系以及子女的日后发展。

教育是一门科学，这就需要家长掌握一定的教育相关知识。家庭教育基本知识主要是了解自己孩子的发展状况，了解自己采取的教育措施的合理性，了解自己孩子身心发展的“最近发展区”和“最优发展区”，掌握孩子发展的关键期，掌握教育的规律和教育的原则。只有了解了个体的成长发展规律、先进的教育理论，才能找到适合自己的教育方式，进行恰当的家庭教育。

（二）自教育赋能课程

在家庭教育方面，当家长掌握了科学的教育理念与正确的教育知识后，还要进一步学习教育的方法，当这些方法能运用到实际家庭教育与生活中时才能算是一名合格的家长，而这就是开设自教育赋能课程的初衷。

教育不仅是一门科学，更是一门艺术。除了教育的综合性外，它还有自身特定的内容、原则和方法。在教育的过程中，准确运用这些原则和方法才能达到事半功倍的效果。科学的家庭教育方法指导是指父母在教育、抚养子女中运用的方法和形式，是教育观点和教育行为的综合体现，其中包括教孩子学会做人、学会生活、学会学习等各方面方法和技巧。此外，家庭成员间经常共同开展各种活动，包括共同学习活动、共同娱乐活动和共同生产活动等，在这些活动中获得的经验都是丰富的课程资源。家庭活动课程化，创设父母与孩子积极互动的活动，有目的、有计划地让家长与孩子在互动活动中感受教育。

（三）自教育提质课程

自教育提质课程也称家长自助课程，在自教育思想指导下家长自觉组成家长成长共同体，共同体定期举行诸多活动，以自助与成长为原则的互动性课程便是其之一。

家长成长共同体招募对家庭教育感兴趣、热心公益、拥有比较丰富的家庭教育理论与经验的家长担任家庭教育志愿者，通过开设专题讲座、主持家教沙龙、组织家教论坛、指导读书活动、在线咨询答疑等形式开展家长教育。家长自助课程由家长志愿者说心得、谈体会，直观具体，具有可迁移性。

自教育提质课程是同伴互助的课程，授受双方是平等关系，因双方具有相同的经验与经历，对传授者而言，容易做到感同身受，其所传播的知识容易被接受。对接受者而言，家长志愿者是和他们具有共同经历的人，家长志愿者的经验容易成为替代性经验，进而被他们广泛认同，促进他们家庭教育效能感的提高，从而自觉提升家庭教育水平。

六、做活动

班级活动可以由班级家长委员会策划，同时与年级的德育活动相结合。借助家庭公约、家庭教育精品故事、家庭教育电影欣赏、家庭教育成长日记等工具和载体，开展家庭教育主题活动，让每一个小家庭都成为一个自成长的能量场，从而与学校教育、社会教育形成碰撞、聚合，进而为孩子的完整成长提供土壤。

表 1　幸福家庭

主题	主要内容
交流的重要性	指导家长正确与青春期学生交流，引导孩子成长
学生眼中的家庭关系	健康良好的家庭环境可以帮助孩子树立正确的三观
特殊家庭学生的心理关爱	如单亲家庭、离异家庭中的孩子心理变化，家长应该注意什么
家风对学生成长的影响	良好的家风和优秀的家庭传统对孩子的有益影响

表 2　自我认识及相互认识

主题	主要内容
家长眼中的自己	家长对自我的认知潜移默化影响孩子认知世界的方式，能够正确评价自己，才是认识世界的根本
家长眼中的孩子	如何认识未成年的孩子，掌握他们的心理变化规律，不要用成年人的心理理解孩子
孩子眼中的家长	家长要为孩子树立正面形象，引导孩子向好发展
孩子眼中的自己	孩子是家长的影子，孩子不会只是家长的影子

表 3　建设良性互动家庭关系

主题	主要内容
教育不是讲道理	家长对孩子的教育应该是言传和身教同时进行的，要让孩子从内心信服家长，孩子才会从内心认同自己所受的教育
表扬和批评	掌握表扬和批评孩子的话术，不要过分表扬，也不要过分批评
自由和责任	家庭教育中要给予孩子一定的自由度，在自由的同时还要能够自觉承担责任
如何正确看待孩子的成绩及试卷分析	指导家长正确看待孩子的分数，理性对待孩子的考试成绩；通过试卷了解孩子的学习情况，从表面的试卷分析存在的问题和未来努力的方向；引导家长以考试成绩为契机，与孩子做平等深入的沟通，使孩子以更好的状态投入学习

表 4　指导与帮助孩子健康成长

主题	主要内容
正确认识早恋	引导家长正确认识对于未成年人的性教育，引导未成年人对异性建立正确的交友方式
如何培养良好的学习习惯	引导家长认识到习惯对孩子成长的重要性，好的习惯会帮助孩子走向成功；帮助孩子养成良好的学习习惯，从而培养孩子的自主学习能力；指导家长学会因人而异，因材施教，在充分了解自己孩子的基础上寻找适合的教育方法，对症下药，使教育更有成效
如何科学安排假期生活	帮助家长从思想上提高对寒暑假重要性的认识，从而有意识地规划孩子的寒暑假生活，为下学期打下基础；给家长讲解家庭教育中的沟通艺术，让家长利用寒暑假有效地缓和、改善或加固亲子关系，营造和谐的家庭氛围
帮助孩子明辨是非	帮助孩子树立正确的三观，明辨是非，了解特殊突发事件的处理方法与原则
帮助孩子独立	精神独立与生活独立、正确的金钱观等
瑜伽课程	强身健体、形体塑造
室内设计课程	一线设计工作与专业学习
美食制作课程	冬至包饺子、制作甜品等

教育是一个系统工程，学生的健康成长不仅需要学校教师的教育和引导，更离不开父母的亲情感染和言传身教，只有把学校教育和家庭教育结合起来，形成教育合力，才能真正促进学生的完整成长。

校本研修方式的研究

——以保定市美术中学为例

绪 论

一、问题的提出

（一）校本研修为教师专业发展开辟了一条快捷高效之路

深化基础教育改革和实现学生全面发展需要以教师的专业发展为前提。教师职后培训是教师专业发展的重要途径，但我国在职后教师培训上一直以来采用了由教育行政部门发起、由大学提供课程、具有指令性的培训模式，培训内容理论性较强，教师难以转化为实践，培训方式多以专家讲座为主，教师通过这种培训获得的知识与教师的实际工作情境相差甚远，导致培训失去了效果。什么样的教师继续教育模式更为有效？这是研究者们一直在探讨的一个问题。

20 世纪 90 年代中期，教育部在全国 44 个地区建立了实验区，以探索一条适合我国国情的教师继续教育新思路。在总结实验区经验的基础上，1999 年教育部出台了《关于实施“中小学教师继续教育工程”的意见》，指出“中小学是教师继续教育的重要基地……各中小学都要制订本校教师培训计划，建立教师培训档案，组织多种形式的校本培训。”校本培训首次在官方文件中被提出。2004 年，教育部《关于加快推进全国教师教育网络联盟计划，组织实施新一轮中小学教师全员培训的意见》颁布后，校本研修作为实施“教师网联计划”的基础得以加强，并成为开展教师全员培训的重要辅助途径。此后，校本研修逐渐被教育界关注。

校本研修以其“基于学校、为了学校、在学校中进行”的特点，对教育教学实际问题的关注以及对教师主体性的强调，为教师专业发展开辟了一条快捷高效之路。将校本研修与教师的日常教学实践融为一体，有助于教师积极有效地开展教学研究活动，提高教育教学质量，实现学生、教师、学校的协同发展。

（二）保定市美术中学的校本研修亟待完善

保定市美术中学将教师作为学校发展的第一资源，让每一位教师意识到自我的独特价值，为了促进教师专业水平的提升，学校坚持“一个中心，两手抓”的办学思路，以教师发展为中心，一手抓课堂，一手抓课程。在22年的探索与发展过程中，学校形成了独具特色的自教育思想，在自教育思想指导下，按照“校本培训”和“校本教研”两条主线，建立激发教师自觉成长的机制。在校本培训方面，构建了教师成长链以及教师自成长链。教师成长链即日反思会、周成长课、月成长汇、学期成长节，通过每天的反思、每周的专业学习、每月的总结反思、教师提升以及寒暑假的系统培训，将教师的自我提高与整个教师队伍的成长相结合，循序渐进地促进教师的专业发展。教师自成长链即自育（海量阅读、自我诊断、学历提升）、他育（自觉对标、主动拜师）、博育（自觉融入成长共同体，主动培训、参赛）。与此同时，广大教师也主动思考自己的成长方式，创新路径，提出了“目标导向与生涯规划相结合、教学实践与活动带动相结合、学习提升与科研引领相结合、考核评价与奖励机制相结合”的自主成长四大策略等。在校本教研方面，学校主要有小组教研和大组教研两种形式。小组教研，即以年级为单位，按照不同的学科组织的教研活动，每周开展两次，教研的内容主要有集体备课、听课评课、示范观摩、同课异构、研讨教学教法、分析学情等；大组教研，即以学科为单位，三个年级同一学科的教师组织的教研活动，每周开展一次，教研的内容主要有讨论教材教法、试题评选、校本课程研讨、小课题研究等。

保定市美术中学大力推动校本研修的做法值得肯定，但本校校本研修尚处于探索阶段，教师对校本研修有什么样的需求、校本研修是否满足了教师的需求、校本研修效果如何、是否促进了教师专业发展、目前校本研修存在什么问题，这些问题还没有得到解答。并且学校的教师队伍仍然存在一些问题，如新入职教师数量偏多，且新入职的教师中新手教师比较多，缺乏教育教学经验；特高级、专家型教师少，对新教师的指导和引领相对比较薄弱；教师的科研意识已经有所提升，但整体的科研能力和水平有待加强。因此，本校亟待完善校本研修方式，解决当前教师队伍存在的问题，也为本校今后有效开展校本研修指明方向。

基于此，本研究以保定市美术中学作为研究个案，通过问卷调查和访谈，收集教师对校本研修的评价、需求以及校本研修开展的实际效果的资料；通过对调查结果的分析，发现本校校本研修存在的问题，针对问题提出解决方案，完善校本研修方式，促进教师专业发展。

二、研究意义

（一）研究的理论意义

本研究通过探索以校本研修为核心的教师专业发展途径，为我们了解教师专业发展途径和机制提供启示，有助于丰富校本研修理论。

（二）研究的实践意义

首先，本研究通过问卷调查和访谈，收集教师对校本研修的需求和评价以及校本研修开展的实际效果的资料，通过对调查结果的分析发现本校校本研修存在的问题，针对问题提出解决方案，完善本校校本研修方式。

其次，校本研修能否真正有效地促进教师专业发展，关键在于如何开展校本研修，本研究希望通过对保定市美术中学校本研修方式的探讨，为本校开展校本研修提供明确的方向，真正有效地促进教师专业发展。

三、概念界定

（一）校本研修

1. 校本

一般认为，“校本”即“以校为本”，基本含义为“在学校中”“基于学校”

“为了学校”。“在学校中”，即学校的问题要由教师共同解决，学校的发展要靠全校师生的共同努力，但也需要其他各种资源参与和帮助。“基于学校”，即以校情为本，充分利用校内各种有利资源，挖掘学校所存在的各种潜力。① “为了学校”，即以改进学校实践、解决学校所面临的问题、促进学校的发展为指向。

2. 校本研修

“研修”即“学习、研究、探讨”。对于教师而言，“研修”的本质是通过开展研究性学习，提高自身的专业修养水平。② 研修包括教研和培训两个方面。

“教研”有广义和狭义之分。广义的教研，包括教育、教学、管理等多个内容，宏观研究、中观研究、微观研究等多个层面，理论研究、应用研究、实践研究等多个领域。狭义的教研，通常是指教师对教学实践的微观研究。③ 校本教研即“以校为本的教学研究”，是以学校为基地、以教师为主体、以新课程实施过程中学校所面临的各种教学具体问题为对象，以行动研究为基本形式，既注重解决实际问题，又注重经验总结、理论提升、规律探索和教师专业发展，最终促进学生和学校发展的新型教学研究机制。④

校本培训起源于20世纪60年代的英美等国，被称为“以学校为本”或“以学校为基础”的教师培训。按照欧洲教师教育协会的界定，教师校本培训指源于学校发展的需要，由学校发起和规划的，满足学校每个教师工作需要的校内培训活动。⑤ 在我国，学者们对校本培训有不同的理解和界定，如肖川认为：所谓“以校为本”的教师培训，是指由多个教育专家组成的“教学诊断、评价与教师培训”小组深入到基层学校，针对该校的实际情况，在对教师的教

---

① 郑金洲，俞海燕．认识校本培训［J］．中小学管理，2001（9）：21—23.

② 周东祥．校本研修行动指南［M］．北京：高等教育出版社，2008：12—13.

③ 雷树福．教研活动概述［M］．北京：北京大学出版社，2009：3，8.

④ 孙凤山，孟志明，罗明福．有效校本教研运行机制构建研究［M］．北京：中国水利水电出版社，2013：3.

⑤ 赵霞．教师优质学习指向下的校本培训途径研究——以奉贤区六所学校为例［D］．上海：上海师范大学，2016.

学进行诊断与评价的基础上所实施的培训。① 游永恒、张雳认为：校本培训是指在教育行政部门和有关业务部门的规划与指导下，以教师任职学校为基本培训单位，以提高教师教育教学能力为主要目标，把培训与教育教学、科研活动紧密结合起来的一种继续教育形式。② 本研究中校本培训是基于学校、为了学校、在学校中进行的教师培训。

"校本研修"一词衍生于20世纪60年代诞生的"校本培训"及"校本研究"，是教师继续教育的一种新形式。③ 关于"校本研修"并没有一个统一的定义，不同的学者对其有不同的理解。尹祥认为校本研修是以"以校为本""教师即研究者"和"促进教师专业发展"为核心概念的教师专业发展行动。④ 谢忠新认为校本研修是一种集学习、教学和科研三者为一体的学校及教师行为。⑤ 周东祥将"校本研修"定义为：校本研修，是指立足于本校工作实际，根据教师自身专业发展需要，开展自主、合作、探究性学习和锻炼，提高教师专业修养水平，促进教师专业发展的一种教师继续教育形式。⑥

从学者们对于校本研修的不同理解可以发现，校本研修包括校本教研和校本培训，但又与二者有所差别。校本培训和校本教研主要指向教师教育教学技能的提高，培训方式多采用注入式，而校本研修更加强调教师是研修的主体，是教师在工作环境中，追求自己专业成长的过程中一种自主学习的研究。

（二）方式

方式即做事的方法和形式。本研究中的方式是指校本研修的内容和校本研修的形式。

---

① 肖川．"校本培训"——提高教师教育能力［J］．基础教育课程，2015（10）：12.

② 游永恒，张雳．校本培训的现状调查与思考［J］．教学与管理，2014（1）：47.

③ 尹祥．中小学校本研修研究综述［J］．天津师范大学学报，2009（4）：27—31.

④ 尹祥．中小学校本研修研究综述［J］．天津师范大学学报，2009（4）：27—31.

⑤ 谢忠新．信息技术支持下教师校本研修的研究［J］．中国教育信息化，2009：17—20.

⑥ 周东祥．校本研修：理论与实务［M］．武汉：华中师范大学出版社，2007：8，357，363，364.

四、文献综述

（一）关于校本研修的研究综述

1. 关于校本研修内涵的研究

对校本研修内涵的研究从早期的“校本培训”“校本教研”再到现在的“校本研修”的提法体现了教师学习由被动到主动的过程。如，英国教师的继续教育学习是以校本培训为主。在俄罗斯学校，教师之间没有正式的学习活动，相互之间的交流是靠教师的主动自愿而发生的，体现了教师由被动的接受到主动的吸收。美国在20世纪末提出教师培训要根据教师专业发展的需要设计培训内容，要满足不同层次教师专业发展的需要，突出了教师主体性的作用。① 我国学者对校本研修的内涵研究也比较多，如刘永平提出校本研修是教师在教育教学实践中将遇到的一些具有个性化的和真实性的问题作为研究对象的一种教学研究活动。② 王志军认为校本研修是中小学教师在自己的工作学校并结合自身学科课堂教学和教育管理的实践，不断促进专业发展，不断提升教书育人质量的活动。③ 刘海燕指出所谓校本研修，就是以实现学校的发展目标和满足教师的发展需求为本的，由学校发起组织的教师在职研修活动。这是一种“为了学校”“在学校中”“基于学校”的研修。④

2. 关于校本研修影响因素的研究

校本研修能否顺利进行，是否可以达到预期效果，受到诸多因素的影响，很多学者对此进行了研究。如孙艳伟、李兴敏提出时空限制、缺少同伴互助以及专家引领影响了校本研修的效果。⑤ 王迎雪认为缺少必要的物质保障、研修模式和研修方式过于单一、教师的研修兴趣与研修行动力不强、研修活动中缺少专家的专业引领和指导等对校本研修产生了非常重要的影响。⑥ 周红在研究

---

① 谢群．乡村学校教师校本研修研究——以皖北地区为例［D］．合肥：合肥师范学院，2017.

② 刘永平．高校校本研修模型构建艺术［M］．南京：江苏教育出版社，2013：3—4.

③ 王志军．校本研修实践探索［M］．北京：北京师范大学出版社，2011：7—8.

④ 刘海燕．以校本研修促进农村教师专业发展的研究［J］．成人教育，2014（5）：86—88.

⑤ 孙艳伟，李兴敏．校本研修过程中的问题与对策［J］．成人教育，2014（6）：73—76.

⑥ 王迎雪．关于中学数学教师校本研修现状与对策的研究［D］．长春：东北师范大学，2013.

中发现校本研修既受到作为组成部分和参与者的教师个体因素（教师的信念与态度；教师原有的知识、能力和经验；教师的继续教育；教师的责任感和使命感；教师成长过程中的关键事件）的影响，又受到作为环境因素的学校和学区的影响，如课程改革项目的深化、关键人物的影响、学校的研修文化、研修制度建设、物质资源的支持等。①

3. 关于校本研修组织形式与模式的研究

关于校本研修组织形式的研究，李莉认为要以理论学习为支撑，开展校本研修活动，如建立教学专题研究室，搭建校本研修平台；以课例研究为载体，深入开展校本研修；以制度建设为保障，使校本研修可持续发展。② 赵群筠指出“以校为本”是促进教师研修水平提高的核心精神，提出“研修一体”是实现教师研修实效的必要途径。③ 朱连永提出建立和完善校本研修制度，不断提高校本研修的针对性和选择性，激发教师参与校本研修的积极性、主动性；营造有利于开展校本研修的学校文化，进一步强化专业引领和督导检查。④

对校本研修的模式研究中，按照研究主题的不同来划分，有听课、评课、课例研讨研修模式，基于个人专业自主发展的研修模式，基于高校参与下的研修模式，基于网络条件下的研修模式，基于教师和专家互动交流的研修模式等。在这些校本研修模式中，从研修活动的参与者方面，又可以分为教师个人自主研修模式、专家讲座培训模式、同行之间互动交流模式等。⑤ 也有学者提出了一些具体的校本研修模式，如李焰梅、李晨红提出了“六段互动”的校本研修模式⑥；周东祥和徐学俊提出了校本研修的三种模式：接受—借鉴式、反思—探究式和课题研究式⑦。

---

① 周红．区域推进校本研修策略的个案研究［D］．长春：东北师范大学，2014.

② 李莉．校本研修的问题与对策研究［J］．白城师范学院学报，2009（3）：79—81.

③ 赵群筠．区域推进校本研修，促进教师发展［J］．世界教育信息，2014（15）：49—54.

④ 朱连永．影响校本研修有效性的因素分析与对策［J］．河南教育学院学报（哲学社会科学版），2008（5）：26—27.

⑤ 王迎雪．关于中学数学教师校本研修现状与对策的研究［D］．长春：东北师范大学，2013.

⑥ 李焰梅，李晨红．促进教师专业发展的校本研修模式研究［J］．湖南第一师范学院学报，2014（5）：59—63.

⑦ 徐学俊，周冬祥．教师校本研修及其区域协作机制探索［J］．教育研究，2004（12）：5.

4. 关于校本研修实施现状、问题与对策研究

从所搜集的文献来看，近年来校本研修在各地的学校均有不同程度的开展，也取得了一些显著的成效，但也暴露出一系列的问题，总结起来主要有：管理者和实施者重视程度不够，缺乏专门的管理机制；缺乏新课程理念的专业指导；开展研修活动形式比较单一；教师关于校本研修的意识比较薄弱；忽视教师自主发展；开展研修活动的硬件设施不太健全等。① 针对校本研修实施过程中出现的问题，学者们也提出了具体的解决策略，如建立体系化的学校校本研修制度，完善领导体制②；与他校或高校合作，实现资源校际之间的共享；通过设立一定的奖励制度，转变教师的研究理念，提高教师的研究兴趣，增强教师的研修意识；调动教师参与研修的主动性和能动性③；规范评价方式，强调研修的实效性④；教育管理部门加大研修活动资金的投入比例等⑤。

（二）关于校本教研的研究综述

1. 关于校本教研内涵的研究

关于校本教研的内涵有以下几种代表性的观点：刘良华认为校本教研是教师以改进自己的教学为目的，在教师自己的教室里发现“教学问题”，并通过在自己的教学过程中“追踪”或者吸取“他人的经验”来解决问题。⑥ 吴刚平提出校本教研的三个基本理念：（1）教学研究的基地在学校；（2）教学研究的主体是教师；（3）教学研究是为了促进教师与学生的共同发展。余文森指出，校本教研是以新课程为导向，目的在于促进每个学生的发展，对象是在学校教育教学工作中所面对的各种具体问题，研究主体是教师的一种实践性研究。⑦

---

① 姚东健，施莉萍．论校本研修在引领教师专业成长中的作用［J］．吉林教育学院学报，2007（146）：12—14.

② 郭子其．校本研修存在的问题及对策［J］．中小学教师培训，2012（4）：24—28.

③ 刘梅雪．大连市中小学校本研修存在的问题及解决对策［D］．大连：辽宁师范大学，2006.

④ 孙艳伟，李兴敏．校本研修过程中的问题与对策［J］．成人教育，2014（6）：73—76.

⑤ 王迎雪．关于中学数学教师校本研修现状与对策的研究［D］．长春：东北师范大学，2013.

⑥ 刘良华．学校教学研究的几个问题［J］．教育发展研究，2003（10）：22—28.

⑦ 余文森．探索以校为本的教学研究［M］．上海：华东师范大学出版社，2005：35—37.

2. 关于校本教研的制度研究

张玲在对山东省高中校本教研制度运行状况进行调研之后，提出校本教研制度是一种应基础教育课程改革而生的教学研究制度，是一种以教师为主体、以学校为基地、以实践反思为基本形式，以解决学校中遇到的各种实际教育教学问题为目的的一种新型教学研究机制。[①] 还有一些学者提出校本教研制度是"三位一体"的，具体可以分为实践反思制度、同伴互助制度、理论学习和专业引领制度，这是校本教研制度的三个核心要素[②]；校本教研制度包括理论学习制度、对话交流制度、案例分析制度、课题研究制度、评价奖励制度[③]；校本教研保障机制的建立需要政府、学校、专家和教师的协同合作[④]；建立教师与校外专家或教研员之间的沟通渠道，探索合作机制，使一线教师能够及时得到专家的指导和帮助，解决理论和技术方面的问题[⑤]。

3. 关于校本教研模式的研究

校本教研模式是将教研目标、方法和过程等相互融合，把理论转化为实践的操作模式。目前，主要有以下几种校本教研模式："选点—寻线—入面—拓路—搭架"的五环节模式[⑥]；"选课—学课—备课—说课—讲课—议课—结课"的三阶段七环节教研操作模式[⑦]；"问题驱动、研训一体、共同发展的教研模式"[⑧]；"教师同伴互助的校本教研模式"[⑨]。

4. 关于校本教研的现状、问题及对策研究

在新课程改革背景下，校本教研在促进教师的专业成长和发展方面发挥着重要的作用，但同时也存在一些问题，如王中男指出校本教研注重行政管理，

---

① 张玲．高中校本教研制度运行状况与管理对策研究［D］．曲阜：曲阜师范大学，2006.

② 吴永军．校本教研：新课程的教学研究制度［J］．江苏教育，2003（11A）：12.

③ 兰秀玲．校本教研制度的建立与校长角色［J］．辽宁教育，2003（9）：7.

④ 刘参，尤维萍．校本教研的实践和思考［J］．中小学教师培训，2004（12）：9.

⑤ 刘良华．怎样做"校本教学研究"［J］．人民教育，2003（5）：31.

⑥ 王丰．问题研究：让校本教研凸显实效［J］．江西教育，2011（8）：29.

⑦ 雷树福．教研活动概述［M］．北京：北京大学出版社，2009：3，8.

⑧ 孔凡哲，张胜利．中小学教研模式创新的思路与实践——"问题驱动、研训一体、共同发展"教研新模式实证分析［J］．中国教育学刊，2010（11）：67.

⑨ 朱宁波，张萍．教师同伴互助的校本教研模式探析［J］．教育科学，2007（12）：35.

忽视专业引领；教研内容聚焦“磨课”，漠视其他主题；备课流于形式，缺乏实质内容；教研活动难以吸引其他教师的参与；教研活动缺乏可持续发展。① 为了解决这些问题，应该深思校本教研的本质属性、明确教研活动的应有品质、树立教研人员的专业意识、呼吁学校制度的专业保障、教师应具有教育研究和专业成长的真诚愿望。

李庆宝、肖庆顺从校本教研制度建设的角度，提出校本教研制度建设存在以下问题：制度建设核心理念错位、制度建设缺乏民主、制度建设内容不够合理、制度执行存在偏差等。他们提出解决策略：确立“以人为本”的核心理念、实现制度建设主体的多元化、促进制度建设内容的合理化、强化制度的执行力。②

（三）关于校本培训的研究综述

1. 关于校本培训内涵的研究

在校本培训内涵的研究方面，学者们从不同的方面阐述了自己的观点。郑金洲、俞海燕提出为了满足学校和教师的发展目标和需求，由学校发起组织，主要在学校中进行的一种教师在职培训形式。③ 肖川认为，所谓“以校为本”的教师培训，是指由多个教育专家组成的“教学诊断、评价与教师培训”小组深入到基层学校，针对该校的实际情况，在对教师的教学进行诊断与评价的基础上所实施的培训。④ 游永恒、张雳认为，校本培训是指在教育行政部门和有关业务部门的规划与指导下，以教师任职学校为基本培训单位，以提高教师教育教学能力为主要目标，把培训与教育教学、科研活动紧密结合起来的一种继续教育形式。⑤

---

① 王中男．校本教研存在的问题分析与路径选择［J］．教育理论与实践，2014（2）：10—12.

② 李宝庆，肖庆顺．校本教研制度建设：问题与对策［J］．天津市教科院学报，2012（3）：77—79.

③ 郑金洲，俞海燕．认识校本培训［J］．中小学管理，2001（9）：21—23.

④ 肖川．“校本培训”——提高教师教育能力［J］．基础教育课程，2015（10）：12.

⑤ 游永恒，张雳．校本培训的现状调查与思考［J］．教学与管理，2014（1）：47—48.

2. 关于校本培训模式的研究

校本培训的模式多种多样，一些发达国家根据自己国家的教育现状，形成了比较成熟的培训模式。如美国的学校本位师资培训模式和专业发展学校；英国的“以学校为中心”在职进修模式、日本的教师校内培训等。① 对于我国的校本培训模式，学者们也进行了总结和归纳，主要包括专家讲座、观摩听课、集体备课、自我反思、师徒结对、课题研究、外出学习等。②

3. 关于校本培训的影响因素及提升策略研究

关于校本培训影响因素的研究，一些学者从内外因两方面进行分析，如张士森从内外两个方面分析了影响教师培训实效性的因素，内因主要是参加培训教师的动机不明，参训积极性不高。③ 外因主要表现在缺乏有效合理的教师参加培训的选拔规划和方案，导致培训缺乏自主性；培训需求分析存在弄虚作假的情况，不能很好地反映实际需求，培训的针对性不强，教师培训后缺乏应有的实践空间。

关于校本培训的提升策略研究，学者们从不同的角度提出自己的观点。李大健从培训评价的角度提出提高校本培训实效性的方法，采取闭卷考试、开卷考试、成果考评等方式对教师的学习成绩予以评定，通过问卷调查、座谈会、听课、评课、抽样检测等方式全面反馈教师教学工作的效果。④ 陈霞认为提高教师培训实效性的策略有：确保参训教师习得真正需要的知识；采取教、研、训一体化的培训模式；培养参训教师的培训迁移能力；创造支持培训迁移的学校氛围；加强对培训迁移效果的测量与反馈；激发参训教师的培训迁移愿望。⑤

---

① 王燕琴．初任教师专业发展中“校本培训”：问题、原因及改进策略研究——以苏州太湖国家旅游度假区中心小学为例［D］．大连：辽宁师范大学，2015.

② 游永恒，张雳．校本培训的现状调查与思考［J］．教学与管理，2014（1）：47—48.

③ 张士森．农村中小学骨干教师培训实效性的研究［D］．重庆：西南大学，2013.

④ 李大健．提高中小学教师继续教育质量和效益的对策［J］．继续教育理论与实践，2000（9）：13—14.

⑤ 陈霞．培训迁移理论视角下提高教师培训实效性的策略［J］．教育发展研究，2007（9）：7—8.

（四）文献综述小结

通过对所搜集的文献进行整理、归纳、总结，可以发现，学者们关于校本研修、校本教研、校本培训的研究主要集中在概念与内涵、影响因素、组织形式与模式、问题及对策等方面。然而这些研究中也存在一些不足，如从研究内容上来说，大多是对校本研修理论上的探讨，而关于校本研修实践性的比较少；关于校本研修的组织形式与模式的研究中，多为共性的组织形式与模式的分析，缺乏对某一学校个案的研究。

五、研究思路与研究方法

（一）研究思路

本研究以保定市美术中学作为研究个案，通过问卷调查和访谈，收集教师对校本研修内容、评价的需求以及校本研修开展的实际效果的资料，通过对调查结果的分析发现本校校本研修存在的问题，针对问题提出解决策略，完善校本研修，促进教师专业发展。

（二）研究方法

本研究主要采用调查研究法调查保定市美术中学教师对校本研修内容、评价的需求以及校本研修开展的实际效果。

1. 问卷调查

（1）问卷的编制

本研究根据对文献的梳理和分析并结合本校校本研修的实践，编制《校本研修效果调查问卷》。问卷包括两部分：第一部分为人口统计学变量，旨在了解保定市美术中学的教师队伍基本情况，共8道题；第二部分运用李克特五点计分量表形式对校本研修效果和教师需求进行调查，包括校本研修的整体效果、授课教师的授课效果、校本研修方式的效果、校本研修主题内容的效果、校本研修过程中遇到的困难、校本研修中存在的问题、校本研修内容的需求、校本研修的形式等8个维度，共70道题。（详见表1）

表 1　调查问卷的维度及题项

一级维度	二级维度	题项
校本研修的整体效果		A1—A8
授课教师的授课效果		B1—B7
校本研修方式的效果		C1—C9
校本研修主题内容的效果		D1—D9
校本研修过程中遇到的困难		E1—E7
校本研修中存在的问题		F1—F7
校本研修内容的需求	专业理念与师德	G1—G5
	专业知识	G6—G8
	专业能力	G9—G14
校本研修的形式	自我反思	H1
	同伴互助	H2—H4
	专业引领	H5—H9

（2）问卷的鉴别度与信度检验

本研究使用统计软件 SPSS 19.0 对调查问卷的鉴别度与信度进行分析。

①各题项的鉴别度

对量表进行了项目分析，所有题项的 p 值均小于 0.05，这表明所有题项都有鉴别度，不需要删题。

②各题项的信度

对量表进行可靠性分析，各维度的 Alpha 系数均大于 0.7，说明各维度的信度较好。(具体见表 2)

表 2　信度分析

一级维度	二级维度	Cronbach's Alpha
校本研修的整体效果		0.972
授课教师的授课效果		0.892
校本研修方式的效果		0.932
校本研修主题内容的效果		0.896
校本研修过程中遇到的困难		0.914
校本研修中存在的问题		0.887
校本研修内容的需求	专业理念与师德	0.908
	专业知识	0.794
	专业能力	0.912
校本研修的形式	同伴互助	0.850
	专业引领	0.802

（3）问卷的实施

本研究对保定市美术中学的 140 名教师进行了问卷调查，回收有效问卷 140 份，有效问卷回收率 100%。

被试教师的基本情况如表 3 所示。

表 3　被试教师基本情况表

项目	类别	人数	百分比（%）
性别	男	49	35.0
	女	91	65.0
年龄（周岁）	20—25 岁	61	43.6
	26—30 岁	57	40.7
	31—35 岁	8	5.7
	36—40 岁	10	7.1
	40 岁以上	4	2.9
教龄	0—3 年	114	81.4
	4—6 年	10	7.1
	7—15 年	10	7.1
	16 年以上	6	4.3

续表

项目	类别	人数	百分比（%）
所在年级	高一年级	67	47.9
	高二年级	38	27.1
	高三年级	35	25.0
学历类别	师范类	43	30.7
	非师范类	97	69.3
学历级别	本科	109	77.9
	硕士研究生	31	22.1
所教学科	语数外	64	45.7
	史地政	56	40.0
	理化生	12	8.6
	音体美计	8	5.7
职务	任课教师	88	65.7
	班主任	46	34.3

本研究共调查被试教师140人，其中男教师49人，占总人数的35%，女教师91人，占总人数的65%；被试教师的年龄主要集中在20—30岁，此年龄段的教师人数占总人数的84.3%；被试教师的教龄主要集中在0—3年，此阶段的教师人数占总人数的81.4%；全部被试教师的学历都在本科以上，且被试教师中非师范类教师居多，占总人数的69.3%；被试教师涵盖了高一、高二、高三所有学科的教师，既有任课教师又有班主任，可以保证本研究能够调查到各个学科的校本研修情况，确保研究的有效性。

（4）数据处理

问卷回收后，对问卷原始数据进行整理，剔除无效数据，对整理后的有效问卷进行编码，利用Excel表格及SPSS 19.0软件对数据进行处理。

2. 访谈

本研究进行了两轮访谈。第一轮访谈旨在系统了解保定市美术中学的校本研修方式，第二轮访谈旨在了解教师经过一年的校本研修之后有何收获、在个人专业成长过程中还存在哪些困惑和问题、对校本研修有何需求及建议等。访谈采取随机抽取的原则，对在访谈时间段内无课的教师进行一对一访谈，两轮访谈共55人，被访谈教师的基本信息如下。

表4　访谈对象基本情况

	分类	频数	百分比（%）
性别	男	18	32.7
	女	37	67.3
年级	高一	32	58.2
	高二	14	25.4
	高三	9	16.4
所教学科	语数外	37	67.3
	史地政	15	27.3
	理化生	2	3.6
	音乐	1	1.8
职务	班主任	29	52.7
	任课教师	23	41.8
	学科主任	3	5.5

对通过访谈法搜集到的质性资料，本研究将首先进行编码，然后进行频数分析与内容分析。（见表5、表6）

表5　访谈项目编码表

项目编码	日反思会	周成长课	月成长汇	学期成长节	教研
时间 Time（t）					
内容 Content（C）					
组织者 Organizer（O）					
培训者 Trainer（T）					
参与者 Participant（P）					
收获 Gain（G）					
遇到的问题 Problem（Pr）					
需求 Need（N）					
建议 Suggestion（S）					

表 6　YW-01 教师访谈资料编码表

教师编码	日反思会	周成长课	月成长汇	学期成长节	教研
YW-01	每天中午进行（t），级部主任总结上午或者昨天课堂、宿舍、学生和教师存在的问题，出勤、卫生等，和老师们讨论如何解决这些问题（C）。对自己成长和班级管理都挺有用的（G）	每周二和周四下午 4：50 到 5：30（t），周二是教师成长课，首先是诵读，然后以学科为单位进行展示，展示的形式不限，如唱歌、朗诵、猜谜语等，每个学科展示的内容要符合学科特点。然后学习自教育文本，包括自教育理论、自主管理、自本课堂等，对文本的修改提出建议。有时候外出学习的教师也会给老师们分享他们的学习成果。（C）周四是班主任成长课，也是先诵读，然后 W 老师给我们做培训（T），主要是班级管理方面的（C）。 如果是特别需要修改的话，我觉得还需要更多自主性。因为成长课跟上课奖惩机制是一样的，它会有一个排名，我觉得这个排名应该不是特别有意义。带着负担去做任务我觉得不好（S）	月成长汇就是 10 月 1 假期，后两天我们回学校培训（t）。教授（T）做报告，也会跟我们互动。就在报告厅那边，内容就是包括管理上的一些理念和方法，也是充分体现自教育。我们自己提出问题，通过自己讨论，互相解决（C）	我说说我们这次暑假吧，从 7 月 20 号就开始了（t），先是拓展训练，然后听讲座，一场一场的，包括班级管理、学校管理、自教育的好多专家，每天听完讲座之后，我们得记笔记，分享心得。然后互相讨论，学到了什么，有哪些可以用到自己的教学中。后来还有老教师带着我们大家一起备课，讲课，老教师听评课，讲了三次，我觉得挺有用的（C）。而且刚开始的培训，只有我们高一的教师（P），一周之后也有那些老教师（P）	每周两次教研（t），学科主任（O）带一次，年级的备课组长（O）带一次。 周五下午前两节课（t），跟着学科主任（O）到统一的教室去备课、讨论怎么上课、怎么写教案、怎么设计教学活动、怎么调动学生的积极性（C）。 对我这种任课老师来说，教研是最实惠的，直接就能运用上（G）。讲座肯定也重要，但是讲座很少专门针对任课老师。它总是涉及管理学生层面的，感觉那种座谈会议的培训太长远了（Pr）。教研就是当下能用的（G）

第一节　保定市美术中学的校本研修方式

保定市美术中学在22年的探索与发展过程中，形成了独具特色的“自教育”思想。学校始终坚持“一个中心，两手抓”的办学思路——以教师成长为中心，一手抓课堂、一手抓课程，并且在自教育思想的指导下，按照“校本培训”和“校本教研”两条主线，自主构建了校本研修模式。在校本培训方面，构建了教师成长链及教师自成长链。教师成长链包括日反思会、周成长课、月成长汇、学期成长节四种校本研修方式；教师自成长链包括自育、他育、博育三种校本研修方式。在校本教研方面，学校主要有小组教研和大组教研两种方式。

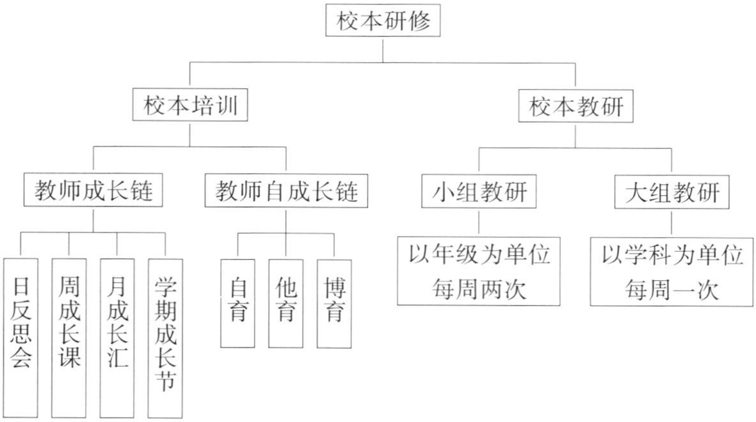

图1　保定市美术中学校本研修模式图

一、保定市美术中学校本培训

校本培训是基于学校、为了学校、在学校中进行的教师培训。保定市美术中学校本培训以教师成长为出发点，构建了教师成长链和教师自成长链，为教师专业成长搭建平台，鼓励教师自主成长。

（一）教师成长链

教师成长链是学校为教师成长搭建的平台，包括日反思会、周成长课、月成长汇、学期成长节四种方式。

1. 日反思会

学校坚持“以人为本”的原则，充分发挥教师的主动性、创造性，通过民主协商、反复研讨的方式制定出“日反思会”制度。日反思会以教师自我反思为前提，通过教师之间的对话交流促进教师发展。

日反思会由级部主任负责，所有级部教师在上午最后一节课结束后参加，时长为15—30分钟。日反思会采用交流讨论的形式，既有经验分享，也有问题解决，反思内容围绕教师日常教育教学工作，主要包括常规工作的反思，如学生和教师的出勤情况、教室和宿舍的卫生情况、学生的早读情况等；课堂教学的反思，如学生学案的完成情况、学生的课堂投入度、教师候课情况、教师二次备课情况、教室反思板排行榜的更新及内容等；管理工作的反思，如班主任对任课教师的管理、教研组长对教学工作的管理、级部主任对级部日常工作的管理等。

我们的反思会是每天上午最后一节课结束之后，基本上是半个小时，由级部主任组织，但每次的主持人不一样，由老师们自愿报名。有的老师比较积极，想把自己的问题给大家做一个分享，比如对课堂上的问题进行反思，学生的课堂投入度低怎么办？告诉大家他是如何解决的，然后大家一起交流，提出好的办法。（SX-03）

每天中午，级部主任组织反思会，级部内所有没课的教师都要参加。级部主任总结上午或者昨天课堂、宿舍、学生和教师存在的问题，出勤、卫生等，和老师们讨论如何解决这些问题。（YW-01）

2. 周成长课

保定市美术中学每周组织两次成长课，即周二教师成长课和周四班主任成长课。

周二教师成长课由学科主任负责，全体教师参加，时间为周二下午四点四十至五点半。成长课主要针对教师的专业知识、业务水平、科研能力以及教学基本功等进行专门提升，促进教师的专业发展。教师成长课的主题由科研处制定，如自教育思想的学习、教育故事分享、学科核心素养研讨、公开课反思、小课题研究等等。围绕这些主题，学科主任组织教师自主选定学习内容，在成长课上进行展示，每个主题通常会进行一至两个月的时间。此外，外出学习的教师也会利用成长课向教师们分享学习的内容及自己的思考和体会，实现全员教学与管理能力的提升。教师成长课的流程为：（1）诵读（党的教育方针、国家教育政策、教育家名言、自教育思想等内容）和宣誓；（2）学科风采展示；（3）根据成长课主题分学科展示；（4）为展示教师进行打分评价，排名纳入学科量化。

> 教师成长课主要就是先诵读，每周由一个学科负责，这个学科需要提前准备好诵读的内容，然后周二那天有一个老师领读；然后就是学科风采展示，按照语数外、史地政的顺序，每周展示三个学科；展示完之后就是各学科教师分享本周学习的内容，最近我们都在学习自教育文本，所以就汇报学习了什么，文本中存在哪些问题，提出修改建议。（YY-05）

周四班主任成长课由 W 老师负责，全体班主任及储备班主任参加，旨在通过主题研讨提升班主任的班级管理能力。每学期的班主任成长课主题和计划由 W 教师拟定，经科研处审核同意后开始正式组织实施，主题包括班级文化建设、班主任成长共同体建设、家校沟通策略、学生宿舍管理、课堂管理、组织班级活动、学生小组建设等。除此之外，W 老师还会为班主任做班级管理的主题讲座。班主任成长课的流程为：（1）诵读（党的教育方针、国家教育政策、教育家名言、自教育思想等内容）和宣誓；（2）根据成长课主题分级部展示；（3）评委组为展示教师进行打分评价，排名纳入年级量化。

班主任成长课由W老师主持，主要针对班主任如何管理班级分享经验。上周W老师分享的主题是班级的文化建设，给我们展示了很多优秀的班级文化建设的案例，告诉我们怎样引导学生，怎样去创造一个好的班风，怎么去创造一个更温暖的环境，一个像家一样的环境。（YY-05）

3. 月成长汇

月成长汇包括常规形式和专业引领两种形式。

常规形式由级部主任和学科主任负责，每月月末利用一到两天的时间，中层干部、全体教师主动对照月初目标，总结梳理当月工作，发现问题，解决问题，并制订下月计划，同时表彰一月工作中各方面呈现出亮点的教师，用优秀促进优秀。此外，根据当月的实际情况，还有跨校教研、成绩分析等内容。

专业引领形式由学校组织，全体教师参加，在国庆节小长假期间，利用假期后两天对接专家资源，通过专家的指导和引领，提升教师专业能力及核心素养。

月假放假前级部主任和学科主任会利用一到两天的时间组织我们进行月总结，并对照月初的目标梳理这个月计划的落实情况、出现了哪些问题，针对这些讨论出比较好的解决办法，然后制订出下个月的计划。在10月1假期的后两天我们过来培训，学校给我们请了好几个专家做专题报告，有关于学校管理、班级管理的，还有小课题研究、研究方法的。专家在报告过程中会跟我们互动，我们自己提出问题，先自己讨论，然后专家指导，共同解决这个问题。（YW-07）

4. 学期成长节

学校在寒暑假设立教师成长营，全体教师参加，寒假成长营为期10天左右，暑假成长营为期30天左右。学期成长节采用集体学习与个人拔节相结合的方式，集体学习主要是教师参加学校组织的专家报告等集体活动，个人拔节主要是教师对所承担的项目和学习任务进行自育自研。学期成长节包括四类课程：理论通识课程，即专家讲座，主要包括学校管理、班级管理、新高考改革、课堂改革、课程改革、学校文化建设、学校课程建设、学校发展规划以及年级、学科、处室建设和党团工会建设等内容；核心技能课程，主要包括学校管理、班级管理、课堂、课程等方面的反思与改革，学校制度梳理与更新，年级、学科、处室工作反思及改革等内容；创新实践课程，主要包括学校文化建设研讨、学校课程建设研讨、学校三年发展规划的设计与研讨等内容；素质拓展课程，主要包括主题阅读、晨诵、午说、暮省、赛歌、团队拓展训练等内容。

学校通过学期成长节，旨在让教师认同学校文化、共建话语体系，发现教育本质、理解教学密码，从内心认识到培训的需求，激发渴求学习的强烈愿望，达到从“被动接受培训”到“我要培训”的实质性转变，实现教师专业的最大化成长。

> 我说说我们这次的暑假培训吧，从7月20号就开始了，先是素质拓展，然后听讲座，一场一场的，包括班级管理、学校管理、自教育等。每天听完讲座以后，我们就得记笔记，分享心得。然后互相讨论，学到了什么，有哪些可以用到自己的教学中。而且刚开始的培训，只有我们高一的教师，后来我们培训了一周之后，那些高二、高三的老教师就开始和我们一起培训了。学生军训期间，新教师跟着老教师一起白天带学生，学习怎么跟学生相处，还要熟悉课堂模式，先备课，然后新教师讲课，老教师听课，听完后给我们进行指导。我讲了三次，觉得还挺有用的，要不然一开学肯定不会。（YW-04）
>
> 寒假暑假的培训基本上就是以专家讲座为主，学校会邀请很多教授、专家，给我们讲一些教育理念、教育改革、学校管理方面的东西，寒假因为时间短，专家还少一些，暑假来的专家特别多。我们都是去八一分校的

荣臻剧院，早上先是集体诵读、宣誓，然后就是专家报告，下午的时候，专家和我们进行交流，有什么问题提出来，大家一起讨论解决。还有新、老教师一起备课，新教师上课，我们老教师听课，然后给他们点评、打分。（YY-03）

（二）教师自成长链

教师自成长链强调教师自主成长，包括自育、他育、博育三种方式。

1. 自育

自育即教师独立自主完成学习，强调教师的自觉成长。自育随时随地都可以进行，形式灵活多样，如海量阅读、学历提升、自我反思、自我诊断等，教师根据自己的学习习惯和兴趣爱好自主选择学习方式，实现自身综合素质的提高。

因为我是本科生，我想，如果在工作中我只有输出，没有输入，总有一天自己的知识会被掏空，所以我觉得我应该也自教育一下，然后再准备看一些研究生的书，提升一下自己的学历，学校也非常鼓励老师们进行学历提升。（YW-10）

我平时喜欢自己看书，看一些英语杂志、英语的新闻报道之类的。因为我是教英语的，我就想多了解一些国外有意思的事情和学生们分享，有时候也看一些有关教育教学的书籍，学习一些名师的课堂教学方法，提升自己的教学能力。（YY-08）

我有一个习惯就是每天晚上下班以后写日记，记录一下自己这一天的所思所想，在工作中哪里做得好，哪里做得不好，有什么问题，该怎么解决。比如今天上课的时候一个学生不好好听讲，我提醒了他几次，不管用，我就冲他发脾气了，这是我做得不好的地方，没有很好地控制自己的情绪。这件事我就会写在日记里，进行一下自我反思。（DL-02）

2. 他育

他育即教师自主选择学习对象进行学习，强调榜样的引领作用。他育的主要方式有自觉对标、主动拜师等，教师可以选择国内外知名学者、教育家等作为学习的榜样，汲取他们的先进理念和教育思想，也可以选择身边优秀的教师，虚心求教，共同成长。

我们有师徒结对的制度，我的师父是我们的学科主任，每次学科教研的时候，他都会告诉我他这一周的规划是什么，他是如何备课的。然后我自己写完教案之后，就去听他的课，听完他的课再修改我自己的教案，然后我再给我的学生上课。(YW-09)

我刚来学校的时候有两个老教师带我，他们会去我的班听课，课下跟我交流课堂的一些问题，告诉我怎么改进。还会针对我的教案，给我一些建议。平时我有什么问题啊，困难啊，也会主动找他们指导。(YY-08)

我一直把我们校长当作学习的榜样，我们校长是一个学习力特别强的人，而且思维很活跃，每次跟校长一起外出参会、学习，他总能很快将学到的新观点和学校的发展结合起来，然后提出一些学校改革的新点子。他会非常主动地向专家求教，我觉得这一点非常值得我学习，要提高自己的问题敏感度，积极主动地向别人学习。(ZR-01)

3. 博育

博育即教师自觉融入成长共同体，强调集体学习的带动作用。成长共同体有助于激发集体荣誉感，激励教师主动学习、主动参加团体活动，如参训、参赛等，为集体荣誉贡献自己的一份力量，从而实现整个共同体的成长。

学校组织的活动，我每次都积极参加，教师成长课、班主任成长课，还有寒暑假培训，我从来没有请过假，也没有迟到过，在参加的过程中我还特别主动地发言、展示。有时候学校的行政会也会选优秀的教师参会，

我每次都主动报名，也许我不会选上，但是我相信只要我参加了肯定会对我有帮助。(YW-10)

我们学校有很多成长共同体。像我既是任课教师，又是班主任，所以我加入了我们学科教师的成长共同体、班主任成长共同体，还有我们级部的成长共同体。学校还有一个大的成长共同体，是全部教师都有的。在这些共同体中，大家共同讨论一些教育教学的问题、管理上的一些问题，有时候领导们也会给我们分享一些文章和经验等。总之，集体的智慧是无穷的，大家共同成长。(ZZ-01)

二、保定市美术中学校本教研

校本教研是新课程改革向纵深发展的重要推动力，是完善学校教学质量、促进教师专业发展进而推动学生健康成长的主要途径。保定市美术中学的校本教研分为小组教研和大组教研。

（一）小组教研

小组教研即以年级为单位，按照不同的学科组织的教研活动，每周开展两次，教研的内容主要有集体备课、听课评课、示范观摩、同课异构、研讨教学教法、分析学情等。

我们是高一数学组，小组（教研）是9个人，有的时候会拿某一节课进行点评，先让一位老师对这节课进行说课，说完以后大家进行打分并互相点评，指出优点与不足，提出完善的建议。我更倾向于梳理考点、知识点，包括给课文进行分类整理。平时教研我们会进行分组，每组两个人，一个老教师，一个新教师。我们先共同分析出高考题一共有多少个类型，然后一组负责一个类型、一个模块，把这个类型所有的题型都弄出来。每一个题型都整理好，然后把知识点贯穿起来，这样老师在给学生讲的时候就会方便一些。(SX-02)

我是英语组的。小组教研的时候我们可能说一下我们高一教材，包括我们的教学进度，我们如何导入、如何教学。我们备课是一起备的，集体备课，之后自己再根据自己的教学实际情况进行调整，因为每个人教的班不一样，学情也不一样，但大体有一个整合思路。学生需要用的导学案，我们一起弄出，提前印好发到学生手上。（YY-02）

（二）大组教研

大组教研，即以学科为单位，三个年级同一学科的老师组织的教研活动，每周开展一次，教研的内容主要有公开课、讨论教材教法、试题评选、校本课程研讨、小课题研究等。

我是语文组的，我们的大组教研每周都有，学科主任带领高一、高二、高三的老师们一起备课，讨论知识点怎么讲，分析重难点，拓展高考知识点，统一教学进度，进行小课题研究等。通过教研把知识点系统化、明确化，我感觉挺有用的。（YW-01）

第二节　保定市美术中学校本研修调查结果与分析

保定市美术中学校本研修尚处于探索阶段，教师对校本研修有什么样的需求、校本研修是否满足了教师的需求、校本研修效果如何、是否促进了教师专业发展、目前校本研修存在什么问题，这些问题还没有得到解答。本研究从教师对校本研修的需求和校本研修的效果两方面对保定市美术中学校本研修进行调查，以厘清上述问题，同时也为完善校本研修方式提供依据。

一、保定市美术中学校本研修效果分析

分析保定市美术中学校本研修效果是完善校本研修的起点。本研究对校本研修效果的问卷调查涉及对校本研修整体效果、授课教师授课效果、各类校本研修方式的效果的调查以及校本研修主题内容效果的调查。通过对本校校本研

修效果进行调查，分析校本研修实际开展的效果以及存在的问题，为完善本校校本研修提供依据。

（一）校本研修的整体效果

校本研修是促进教师专业发展的重要手段，校本研修是否有效关键是看校本研修是否促进了教师的专业发展。对校本研修整体效果进行调查，结果如下。

表 2-1　校本研修的整体效果

	N	极小值	极大值	平均分	标准差
A1 提高了职业道德修养	140	1	5	3.59	1.302
A2 个人职业规划更加明确	140	1	5	3.59	1.246
A3 更新并形成了教育教学观念	140	1	5	3.54	1.220
A4 丰富了学科教育教学知识	140	1	5	3.53	1.243
A5 提高了教学能力	140	1	5	3.49	1.272
A6 提高了教育科研能力	140	1	5	3.41	1.302
A7 增强了自主学习能力和团队协作能力	140	1	5	3.56	1.248

表 2-1 显示了校本研修的整体效果。由表 2-1 可以看出，每项平均分都高于理论平均分（3 分），表明校本研修在一定程度上促进了教师各方面均衡发展。其中，“提高了职业道德修养”和“个人职业规划更加明确”两项得分最高，平均分都是 3.59 分；“提高了教育科研能力”得分最低，平均分为 3.41 分。由此可见，本校校本研修对教师专业发展的作用主要表现在提高教师的职业道德修养和明确个人职业规划两方面，而教育科研能力不是一朝一夕能够提高的，需要教师长期坚持学习，不断探索和实践，因此短时间内很难显现出效果。从访谈中也了解到，本校校本研修对明确教师职业规划具有显著作用。

校本研修的作用，第一个从精神层面或者心理层面来说，刚入职的老师是很迷茫的，对学校不太了解，对自己的本职工作不太了解，对学生也不太了解。所以这时候专家或相关人员的培训或者指导，会指引我们，帮助我们确立明确的目标，帮助我们度过这个迷茫的时期。第二个就是对专业的帮助，我们其实不太欠缺这些理论性的知识，欠缺的是如何将内化的知识转化为学生易于吸收的方式方法，一些优秀的专家和教师都会给我们培训。第三个就是我们的职业规划，刚入职的老师可能对自己将要干什么或者是自己三年、五年的发展没有规划，这时候学校安排的培训会帮助你明确职业规划，比如你三年之后应该成长为一个什么样的老师，五年之后应该是什么样的老师。(YW-10)

我觉得刚入职的时候，有些地方不是特别明确，包括自己的职业规划，工作中遇到的一些问题怎么样解决，尤其是关于学生管理方面的问题，刚入职的时候都是不太熟悉，但是经过培训，会学到很多的有用的东西，尤其是班级管理和职业规划方面，挺有帮助的。(DL-03)

（二）授课教师的授课效果

保定市美术中学对教师的培训贯穿于教师的整个职业生涯，邀请全国各地的专家学者和优秀教师来指导教师的专业发展。通过对各类授课教师授课效果进行评分，分析授课教师的授课效果，具体得分见表 2-2。

表 2-2　授课教师的授课效果

	N	极小值	极大值	平均分	标准差
B1 高校教师	140	1	5	3.84	1.195
B2 学科教研员	140	1	5	3.89	1.142
B3 教育行政部门官员	140	1	5	4.04	1.062
B4 中小学骨干教师	140	1	5	3.95	1.243
B5 其他工作领域的教育专家、学者	140	1	5	2.95	1.565
B6 培训机构聘请的培训专家	140	1	5	3.06	1.588
B7 校内优秀教师	140	1	5	3.71	1.278

由表 2-2 可知，教育行政部门官员授课效果最佳，平均分为 4.04 分；其次是中小学骨干教师，平均分为 3.95 分；其他工作领域的教育专家、学者授课效果欠佳，平均分为 2.95 分。

访谈中在谈到培训的授课教师时，不少教师表示一线骨干教师的授课使他们受益匪浅。

> 让我印象最深刻或最感兴趣的都是一线教师的讲座。他们说的都是班级故事，班级管理上发生的一些事。昨天马老师的讲座对我管理班级、建设班级文化就挺有帮助的。（YW-C8）
>
> 一线教师对怎样管理学生、提高教学成绩是比较清楚的，有些专家讲的内容理论性强，但把理论转化成实践目前对我来说还是比较困难的，所以我喜欢一线教师的授课。（DL-04）

（三）校本研修方式的效果

本研究通过教师对保定市美术中学目前正在开展的九种校本研修方式——日反思会、周成长课、月成长汇、学期成长节、自育、他育、博育、大组教研、小组教研进行评分，根据得分情况分析校本研修方式的效果。

表 2-3 校本研修方式的效果

	N	极小值	极大值	平均分	标准差
C1 日反思会	140	1	5	3.11	1.482
C2 周成长课	140	1	5	3.19	1.437
C3 月成长汇	140	1	5	3.25	1.435
C4 学期成长节	140	1	5	3.31	1.398
C5 自育	140	1	5	3.63	1.299
C6 他育	140	1	5	3.62	1.220
C7 博育	140	1	5	3.51	1.255
C8 以年级为单位的小组教研	140	1	5	3.71	1.231
C9 以学科为单位的大组教研	140	1	5	3.74	1.272

表 2-3 显示了本校各种校本研修方式的效果。由表 2-3 可以看出，每项平均分都高于理论平均分（3 分），表明本校各种校本研修方式在一定程度上促进了教师专业发展。其中，得分最高的是“以学科为单位的大组教研”，平均分为 3.74 分；其次是“以年级为单位的小组教研”，平均分为 3.71 分；然后是“自育”，平均分为 3.63 分；排位最后的是“日反思会”，平均分为 3.11 分。在访谈中我们也了解到教师普遍认为校本教研对自身专业发展的帮助更大。

对我这种任课老师来说，教研对我来说最有用，直接就能运用在教学上。然后这个讲座肯定也重要，但是讲座很少专门针对你这个学科。它总是涉及管理层面的，感觉内容上离我有点儿远，而那个教研就是当下能用的。（YW-04）

通过教研把学科知识走一遍，心里会有个底，知道哪些可以讲、哪些需要重点讲、哪些可以简要地讲，对教学的帮助特别大。（YW-03）

1. 校本研修方式的效果在教龄上存在显著差异

本研究对校本研修方式的效果在教龄上的差异进行了单因素方差分析，得到的结果如表 2-4 所示。表中月成长汇、学期成长节两项的 p 值都小于 0.05，表明这两种校本研修方式的效果在教龄上存在显著差异。

表 2-4　校本研修方式的效果在教龄上的差异

	教龄	N	均值	标准差	F	p
C3 月成长汇	0—3 年	114	3.39	1.442	5.189	0.002
	4—6 年	10	2.30	0.949		
	7—15 年	10	2.10	0.994		
	16 年以上	6	4.17	0.983		
C4 学期成长节	0—3 年	114	3.40	1.443	3.315	0.022
	4—6 年	10	2.50	0.707		
	7—15 年	10	2.50	0.972		
	16 年以上	6	4.17	0.983		

事后多重比较得到的结果如表 2-5 所示。由下表可知，月成长汇的效果在教龄为 0—3 年的教师与教龄为 7—15 年的教师、教龄为 7—15 年的教师与教龄为 16 年以上的教师之间存在显著差异。学期成长节的效果在教龄为 0—3 年的教师与教龄为 4—6 年的教师和 7—15 年的教师之间存在显著差异，教龄在 16 年以上的教师与教龄为 4—6 年和 7—15 年的教师之间存在显著差异。且从表 2-4 中可以看出，教龄为 0—3 年和 16 年以上的教师在月成长汇与学期成长节上的均值要显著高于 4—6 年和 7—15 年的教师。这表明，月成长汇和学期成长节对于新教师和教龄 16 年以上的老教师专业发展的帮助比较大。

表 2-5　校本研修方式的效果在教龄上差异的多重比较

		4—6 年	7—15 年	16 年以上
C3 月成长汇	0—3 年	0.108	0.031	1
	4—6 年		1	0.057
	7—15 年			0.025
C4 学期成长节	0—3 年	0.280	0.280	1
	4—6 年		1	0.117
	7—15 年			0.117

2. 校本研修方式的效果在学历级别上存在显著差异

本研究对校本研修方式的效果在学历级别上的差异进行了独立样本 t 检验，得到的结果如表 2-6 所示。其中，月成长汇、学期成长节两项的 p 值都小于 0.05，表明这两种校本研修方式的效果在学历级别上存在显著差异，且这两种校本研修方式对本科学历教师的专业发展帮助比研究生学历的教师要大。

表 2-6　校本研修方式的效果在学历级别上的差异

	学历级别	N	均值	标准差	t	df	p
C3 月成长汇	本科	109	3.39	1.407	2.118	138	0.036
	硕士研究生	31	2.77	1.454			
C4 学期成长节	本科	109	3.44	1.377	2.141	138	0.034
	硕士研究生	31	2.84	1.393			

3. 校本研修方式的效果在年级上存在显著差异

本研究对校本研修方式的效果在年级上的差异进行了单因素方差分析，得到的结果如表 2-7 所示。除大组教研外，其他八项的 p 值都小于 0.05，表明这八种校本研修方式的效果在年级上存在显著差异。

表 2-7 校本研修方式的效果在年级上的差异

	年级	N	均值	标准差	F	p
C1 日反思会	高一年级	67	3.70	1.446	14.335	0.000 *
	高二年级	38	2.87	1.436		
	高三年级	35	2.23	1.060		
C2 周成长课	高一年级	67	3.11	1.482	26.068	0.000 *
	高二年级	38	3.97	1.231		
	高三年级	35	2.50	1.409		
C3 月成长汇	高一年级	67	2.43	1.008	15.839	0.000 *
	高二年级	38	3.19	1.437		
	高三年级	35	3.90	1.383		
C4 学期成长节	高一年级	67	2.61	1.346	19.373	0.000 *
	高二年级	38	2.71	1.073		
	高三年级	35	3.25	1.435		
C5 自育	高一年级	67	3.99	1.285	9.011	0.000 *
	高二年级	38	2.79	1.318		
	高三年级	35	2.57	1.065		
C6 他育	高一年级	67	3.31	1.398	9.178	0.000 *
	高二年级	38	4.10	1.103		
	高三年级	35	3.61	1.242		
C7 博育	高一年级	67	3.09	1.197	7.761	0.001
	高二年级	38	3.71	1.231		
	高三年级	35	4.01	1.200		
C8 以年级为单位的小组教研	高一年级	67	3.50	1.202	9.559	0.000 *
	高二年级	38	3.00	1.000		
	高三年级	35	2.91	1.147		
C9 以学科为单位的大组教研	高一年级	67	3.96	1.296	2.492	0.085
	高二年级	68	3.71	1.183		
	高三年级	35	3.37	1.262		

事后多重比较得到的结果如表 2-8 所示。由下表可知，日反思会、周成长课、月成长汇和学期成长节这四种校本研修方式的效果在高一年级与高二年级、高一年级与高三年级教师之间存在显著差异；自育、他育、博育和小组教研这四种校本研修方式的效果在高一年级与高三年级教师之间存在显著差异。

表 2-8 校本研修方式的效果在年级差异的多重比较

		高二年级	高三年级
C1 日反思会	高一年级	0.009	0.000
	高二年级		0.139
C2 周成长课	高一年级	0.000	0.000
	高二年级		1
C3 月成长汇	高一年级	0.000	0.000
	高二年级		1
C4 学期成长节	高一年级	0.000	0.000
	高二年级		1
C5 自育	高一年级	0.110	0.000
	高二年级		0.178
C6 他育	高一年级	0.089	0.000
	高二年级		0.200
C7 博育	高一年级	0.074	0.001
	高二年级		0.472
C8 以年级为单位的小组教研	高一年级	0.217	0.000
	高二年级		0.066

（四）校本研修主题内容的效果

保定市美术中学开展的校本研修主题内容主要有拓展训练、诵读、专家报告、听评课、高考业务通关、小课题研究、集体备课、小组合作学习、分享读书心得等。对这九种主题内容进行评分，根据得分情况分析校本研修主题内容的效果。由表 2-9 可以看出，除诵读和小课题研究以外，其他七种校本研修主题内容的平均分均高于理论平均分（3 分），表明这七种校本研修主题内容对教师专业发展具有显著效果。

表 2-9　校本研修主题内容的效果

	N	极小值	极大值	平均分	标准差
D1 拓展训练	140	1	5	3.13	1.488
D2 诵读	140	1	5	2.87	1.473
D3 专家报告	140	1	5	3.06	1.470
D4 听评课	140	1	5	3.45	1.390
D5 高考业务通关	140	1	5	3.41	1.308
D6 小课题研究	140	1	5	2.98	1.365
D7 集体备课	140	1	5	3.11	1.371
D8 小组合作学习	140	1	5	3.37	1.332
D9 分享读书心得	140	1	5	3.27	1.383

本研究对校本研修主题内容的效果在年级上的差异进行了单因素方差分析，得到的结果如表 2-10 所示。所有主题内容的 p 值都小于 0.05，表明这九种校本研修主题内容的效果在年级上存在显著差异。

表 2-10　校本研修主题内容的效果在年级上的差异

	年级	N	均值	标准差	F	p
D1 拓展训练	高一年级	67	3.82	1.254	17.491	0.000 *
	高二年级	38	2.61	1.569		
	高三年级	35	2.37	1.215		
D2 诵读	高一年级	67	3.48	1.439	12.871	0.000 *
	高二年级	38	2.39	1.386		
	高三年级	35	2.23	1.165		
D3 专家报告	高一年级	67	3.72	1.335	15.434	0.000 *
	高二年级	38	2.55	1.501		
	高三年级	35	2.37	1.140		

续表

	年级	N	均值	标准差	F	p
D4 听评课	高一年级	67	4.04	1.211	15.881	0.000 *
	高二年级	38	3.16	1.386		
	高三年级	35	2.63	1.215		
D5 高考业务通关	高一年级	67	3.75	1.307	4.347	0.015
	高二年级	38	3.13	1.256		
	高三年级	35	3.09	1.245		
D6 小课题研究	高一年级	67	3.60	1.219	18.501	0.000 *
	高二年级	38	2.68	1.338		
	高三年级	35	2.11	1.078		
D7 集体备课	高一年级	67	3.70	1.168	19.181	0.000 *
	高二年级	38	2.95	1.451		
	高三年级	35	2.14	1.033		
D8 小组合作学习	高一年级	67	3.90	1.156	19.863	0.000 *
	高二年级	38	3.39	1.326		
	高三年级	35	2.34	1.056		
D9 分享读书心得	高一年级	67	3.76	1.220	11.581	0.000 *
	高二年级	38	3.13	1.455		
	高三年级	35	2.49	1.222		

事后多重比较得到的结果如表 2-11 所示。由下表可知，拓展训练、诵读、专家报告、听评课、小课题研究这五种校本研修主题内容的效果在高一年级与高二年级、高一年级与高三年级教师之间存在显著差异；高考业务通关的效果在高一年级与高三年级教师之间存在显著差异；集体备课的效果在高一年级与高二年级、高一年级与高三年级、高二年级与高三年级教师之间存在显著差异；小组合作学习的效果在高一年级与高三年级、高二年级与高三年级教师之间存在显著差异；分享读书心得的效果在高一年级与高三年级之间存在显著差异。

表 2-11 校本研修主题内容的效果在年级差异的多重比较

		高二年级	高三年级
D1 拓展训练	高一年级	0.000	0.000
	高二年级		1
D 诵读	高一年级	0.000	0.000
	高二年级		1
D3 专家报告	高一年级	0.000	0.000
	高二年级		1
D4 听评课	高一年级	0.002	0.000
	高二年级		0.227
D5 高考业务通关	高一年级	0.058	0.043
	高二年级		1
D6 小课题研究	高一年级	0.001	0.000
	高二年级		0.144
D7 集体备课	高一年级	0.008	0.000
	高二年级		0.017
D8 小组合作学习	高一年级	0.116	0.000
	高二年级		0.001
D9 分享读书心得	高一年级	0.052	0.000
	高二年级		0.102

二、教师对校本研修的需求分析

教师是校本研修的主体，教师主动投入是校本研修取得成效的前提，要保证教师的主动投入就需要尊重教师的需求。本研究通过问卷调查和访谈了解本校教师对校本研修内容及形式的需求，以使后期的校本研修更有针对性和实效性，提高教师参加校本研修的主动性和自觉性。

(一) 教师对校本研修内容的需求

关于教师对校本研修内容需求的调查，问卷中涉及了专业理念与师德、专业知识、专业能力三大类研修内容。专业理念与师德包含了对职业的理解与认识、对教育的理解与认识、对待学生的态度与行为、教育教学的态度与行为、个人修养与行为五方面研修内容；专业知识包含了学生发展知识、教育学知识、学科教学知识三方面研修内容；专业能力包含了教学技能技巧、班级管理、教育教学评价、沟通与合作、反思与发展、教育活动组织六方面研修内容。

1. 从整体看，教师对三大类研修内容的需求强烈

由表 2-12 可以看出，每题平均分都高于理论平均分（3 分），表明教师对专业理念与师德、专业知识和专业能力三方面内容的需求是比较强烈的，并且对专业知识的需求尤为强烈，每题平均分高达 4.15 分，其次是对专业能力的需求，对专业理念与师德的需求相对来说较弱，每题平均分为 3.73 分。

表 2-12 教师对校本研修内容的需求

	N	极小值	极大值	均值	标准差	题数	每题平均分
专业理念与师德	140	5	25	18.65	5.378	5	3.73
专业知识	140	3	15	12.44	2.736	3	4.15
专业能力	140	6	30	24.52	5.365	6	4.09

本研究对专业理念与师德、专业知识和专业能力内容下的各个子要素进行了单个样本检验，结果如表 2-13 所示。

表 2-13 教师对校本研修内容各个子要素的需求

	N	极小值	极大值	平均分	标准差
B1 对职业的理解与认识	140	1	5	3.38	1.344
B2 对教育的理解与认识	140	1	5	3.56	1.315
B3 对待学生的态度与行为	140	1	5	4.02	1.109
B4 教育教学的态度与行为	140	1	5	3.89	1.230

续表

	N	极小值	极大值	平均分	标准差
B5 个人修养与行为	140	1	5	3.80	1.276
B6 学生发展知识	140	1	5	4.09	1.116
B7 教育学知识	140	1	5	4.01	1.083
B8 学科教学知识	140	1	5	4.35	1.052
B9 教学技能技巧	140	1	5	4.31	1.003
B10 班级管理	140	1	5	4.27	0.920
B11 教育教学评价	140	1	5	4.01	1.135
B12 沟通与合作	140	1	5	4.08	1.067
B13 反思与发展	140	1	5	3.85	1.175
B14 教育活动组织	140	1	5	4.01	1.116

由表 2-13 可知，本校教师最急需的校本研修内容是学科教学知识，该项平均分高达 4.35 分；其次是对教学技能技巧的需求，该项平均分为 4.31 分。教师对提升教学能力的迫切需求与保定市美术中学的课堂教学模式不无关系，本校在自教育思想的指导下，提倡把课堂的自主权交给学生，构建了自本课堂教学模式，该模式以学生为主体，教师作为引导者，这对教师的教学能力和课堂管理能力提出了更高的要求。相对而言，教师对“职业理解与认识”这一研修内容的需求程度最低，平均分为 3.38 分。

像我们新教师，刚入职迫切需要的是本学科教学方面的知识，如何更高效地备课，语文课堂上怎样设计情境，怎么样引起学生的注意力。(YW-06)

迫切需要的还是提高教学能力吧，我感觉自己教学能力这方面欠缺的太多，不知道怎么把我的思想观念和已有的知识传达给学生。(LS-01)

学校这个课堂模式和以前那种传统课堂不一样，我不知道怎样调动学生的积极性，怎样更好地展示，怎样把备课本写得更好。这是我现在的几

点困惑，也是我亟须解决的问题。（YW-01）

2. 教师对校本研修内容的需求在年级上存在显著差异

本研究对教师对校本研修内容的需求在年级上的差异进行了单因素方差分析，得到的结果如表 2-14 所示。专业理念与师德、专业知识、专业能力三项的 p 值都小于 0.05，表明教师对这三大类研修内容的需求在年级上存在显著差异，且高一、高二、高三年级教师的需求程度呈逐级递减趋势。

表 2-14 教师对校本研修内容需求的年级差异

	年级	N	均值	标准差	F	p
专业理念与师德	高一年级	67	20.03	5.549	6.305	0.002
	高二年级	38	18.47	4.963		
	高三年级	35	16.20	4.658		
专业知识	高一年级	67	13.39	1.938	8.877	0.000
	高二年级	38	11.82	2.994		
	高三年级	35	11.31	3.169		
专业能力	高一年级	67	26.19	4.321	7.395	0.001
	高二年级	38	23.61	5.903		
	高三年级	35	22.31	5.661		

事后多重比较得到的结果如表 2-15 所示。高一年级与高三年级教师对专业理念与师德的需求存在显著差异，高一年级与高二年级、高一年级与高三年级教师对专业知识的需求以及专业能力的需求存在显著差异，p 值均小于 0.05。

表 2-15 教师对校本研修内容需求的年级差异

		高二年级	高三年级
专业理念与师德	高一年级	0.425	0.002
	高二年级		0.190
专业知识	高一年级	0.010	0.001
	高二年级		1
专业能力	高一年级	0.043	0.001
	高二年级		0.855

（二）教师对校本研修形式的需求

对校本研修形式需求的调查，问卷中涉及了校本研修的三大核心要素：自我反思、同伴互助和专业引领。自我反思是教师与自我的对话，是开展校本研修的前提，是校本研修最普遍最基本的活动形式。反思不是一般意义上的回顾，而是反省、思考、探索和解决教育教学中存在的实际问题，具有研究的性质。同伴互助是教师与同行的对话，是校本研修的灵魂。校本研修强调教师在自我反思的同时，开放自己，加强教师之间的专业交流与合作，共同分享经验，互相学习，彼此支持，共同成长。其形式主要有小组合作探究、沙龙会谈、教学观摩等。专业引领是理论与实践的对话，是校本研修不可或缺的一环，是教师专业发展的关键。引领的方式，一是靠教师自觉学习吸收教育教学理论，二是靠专家、学者、骨干教师的指导。其形式主要有理论学习、专家讲座、现场指导、案例教学、课题研究等。自我反思、同伴互助、专业引领三者相对独立，但同时又相互补充、相互促进。只有充分发挥三者的作用并注重相互整合，才能有效地开展校本研修活动。

1. 从整体看，教师对三大类研修形式的需求强烈

从整体来看，教师对自我反思、同伴互助、专业引领三大形式都有需求，平均分都高于理论平均分（3 分）。由表 2-16 可以看出，教师对同伴互助的需求最强烈，平均分为 3.880 分；其次是自我反思；得分最低的是专业引领，平

均分为 3.554 分。

表 2-16 教师对校本研修形式的需求

	N	极小值	极大值	均值	标准差	题数	平均分
自我反思	140	1	5	3.64	1.315	1	3.640
同伴互助	140	3	15	11.64	3.075	3	3.880
专业引领	140	4	20	17.77	3.619	5	3.554

本研究对这三大形式下的各个形式进行了单个样本检验，所得结果如表 2-17 所示。

表 2-17 教师对校本研修形式的需求

	N	极小值	极大值	平均分	标准差
D1 自我反思	140	1	5	3.64	1.315
D2 小组合作探究	140	1	5	3.81	1.229
D3 沙龙会谈	140	1	5	3.69	1.241
D4 教学观摩	140	1	5	4.15	1.024
D5 理论学习	140	1	5	3.16	1.392
D6 专家讲座	140	1	5	3.54	1.294
D7 现场指导	140	1	5	3.05	1.288
D8 案例教学	140	1	5	4.14	0.996
D9 课题研究	140	1	5	3.86	1.177

由表 2-17 可知，教师对教学观摩这一形式的需求最大，平均分为 4.15 分，并且在访谈中多数教师也提到希望校本研修增加优秀教师的示范课；其次是案例教学，平均分为 4.14 分；最后是现场指导，平均分为 3.05 分。在访谈中了解到，之所以对现场指导的需求不高是因为本校教师很少有机会获得现场

指导。

观摩优秀老教师上课，对我们这些新教师是非常有帮助的，可以学到不少教学技能，像如何更好地导入新课、怎样充分调动学生的积极性、重难点怎样讲清楚等。（YW-11）

2. 教师对校本研修形式的需求在学历级别上存在显著差异

本研究对校本研修形式的需求在学历级别上的差异进行了独立样本 t 检验，得到的结果如表 2-18 所示。其中，同伴互助这一项的 p 值小于 0.05，表明教师对同伴互助的需求在学历级别上存在显著差异，且本科学历的教师比研究生学历的教师需求更强烈。

表 2-18　教师对同伴互助需求的学历级别差异

	学历级别	N	均值	标准差	t	df	p
同伴互助	本科	109	11.93	2.911	2.072	138	0.040
	硕士研究生	31	10.65	3.460			

本研究继续对同伴互助下各种形式的需求在学历级别上的差异进行了独立样本 t 检验，得到的结果如表 2-19 所示。其中，教学观摩一项的 p 值小于 0.05，表明教师对教学观摩的需求在学历级别上存在显著差异，且本科学历的教师比研究生学历的教师需求更加强烈。

表 2-19　教师对同伴互助下教学观摩研修形式需求的学历级别差异

		学历级别	N	均值	标准差	t	df	p
同伴互助	教学观摩	本科	109	4.28	0.942	2.44	41.297	0.019
		研究生	31	3.71	1.189			

3. 教师对校本研修形式的需求在年级上存在显著差异

本研究对校本研修形式的需求在年级上的差异进行了单因素方差分析，得到的结果如表 2-20 所示。表中三项的 p 值都小于 0.05，表明校本研修形式的需求在年级上存在显著差异，且高一、高二、高三年级的需求呈逐级递减趋势。

表 2-20 教师校本研修需求的年级差异

	年级	N	均值	标准差	F	p
自我反思	高一年级	67	4.01	1.273	10.117	0.000
	高二年级	38	3.68	1.297		
	高三年级	35	2.86	1.089		
同伴互助	高一年级	67	12.58	1.315	8.731	0.000
	高二年级	38	11.45	2.686		
	高三年级	35	10.06	3.160		
专业引领	高一年级	67	15.96	3.150	11.486	0.000
	高二年级	38	14.50	3.696		
	高三年级	35	12.60	3.423		

事后多重比较得到的结果如表 2-21 所示。由下表可知，在对自我反思的需求上高一年级与高三年级、高二年级与高三年级教师存在显著差异；对同伴互助和专业引领的需求，高一年级与高三年级教师存在显著差异。

表 2-21 教师校本研修形式需求的年级差异

		高二年级	高三年级
自我反思	高一年级	0.57	0.000 *
	高二年级		0.015
同伴互助	高一年级	0.172	0.000 *
	高二年级		0.132
专业引领	高一年级	0.106	0.000 *
	高二年级		0.053

第三节 保定市美术中学校本研修存在的问题

本研究通过调查结果分析保定市美术中学教师校本研修效果和校本研修需求的同时，也发现了本校校本研修存在的一些问题。本节主要对问卷和访谈中教师反映出的校本研修存在的问题进行分析，为有针对性地改进校本研修提供参考。

对校本研修存在的问题及教师在参与校本研修的过程中遇到的困难进行问卷调查，调查结果见表3-1、3-2。

表3-1 校本研修中存在的问题

	N	极小值	极大值	平均分	标准差
F1 任务重，自我消化时间短	140	1	5	3.54	1.305
F2 理论学习多，实践应用少	140	1	5	3.61	1.312
F3 教师培训的内容缺乏实用性与针对性	140	1	5	3.59	1.335
F4 专家与教师、教师与教师之间交流互动少	140	1	5	3.05	1.321
F5 校本研修的管理制度不合理	140	1	5	3.42	1.404
F6 校本研修的结果评价不合理	140	1	5	3.23	1.421

表3-2 教师在校本研修过程中遇到的困难

	N	极小值	极大值	平均分	标准差
E1 缺少时间和精力	140	1	5	3.44	1.315
E2 缺乏专家指导	140	1	5	3.06	1.271
E3 自身研究能力有限	140	1	5	3.33	1.300
E4 缺乏内在动机	140	1	5	3.13	1.269
E5 缺少激励性的制度	140	1	5	3.19	1.333
E6 缺乏合作	140	1	5	3.15	1.269

从表3-1和3-2中可以看出，各选项得分均高于理论平均分（3分），这表明本校校本研修在内容、时间、管理制度及评价制度等方面存在一定问题，且教师在校本研修过程中也遇到了一些困难，需要教师和学校共同努力进行解决。

一、校本研修内容的实用性与针对性有待加强

问卷调查结果（见表3-1）显示，本校校本研修存在的最大问题是理论学习多，实践应用少，该项平均分为3.61分；其次是培训的内容缺乏实用性与针对性，该项平均分为3.59分。这两大问题都指向了校本研修内容，归根结底就是研修内容的实用性与针对性有待进一步加强。而且，调查结果显示，教师对专业知识和专业能力的需求非常强烈，希望能得到一线名师在学科知识与课堂教学等方面的指导。

在对教师的访谈中，不少教师表示，教师成长链中的一些内容实用性、针对性不强，对实际教学帮助不大。特别是寒暑假教师成长节，内容多以教育管理、教育改革等宏观理论为主，过多的理论学习让教师感到“学非所需，学非所用”，直接影响了教师参与研修的积极性。当然这也与本校教师队伍现状有密切关系，自2015年起，随着学生的连续扩招，本校新招聘的教师数量逐年增加，这些新教师缺乏教育教学经验，专业知识和专业能力亟待提升，因此他们没有能力将学到的这些宏观理论知识直接应用于实践，需要较长时间的消化和吸收，这也导致过多的理论学习无法有针对性地帮助新教师解决实践中的教学问题而使效果大打折扣。

二、校本研修的时间与内容统筹安排欠佳

由表3-1、3-2可知，在校本研修存在的问题中，“任务重，自我消化时间短”排名靠前；在校本研修过程中遇到的最大困难是“缺少时间和精力”。这些结果表明，我校校本研修的整体规划还不够完善，缺乏对培训时间与内容的统筹安排。

以2018年暑期学期成长节为例，成长节课程为期28天（休息1天），其间邀请了诸多教育专家与学者，但安排专家讲座的密度较大，有时连续几天都

是专家报告。面对这样高强度的培训，教师感到身心疲惫，这反而大大降低了培训的效果。访谈中教师也说道：“成长节培训时间太长，休息时间短，还有很多理论学习、专家讲座，老师们根本没有时间去吸收、消化知识。希望假期成长营能在短期内进行，安排好培训内容，提高效率，劳逸结合。”教师成长链的目的是为了促进教师的专业成长，安排丰富的专家报告也是为了拓展教师知识、更新教师教育理念，但是由于缺乏理性规划而使成长节事倍功半。因此，在制订校本研修具体计划时要充分考虑各方面因素的影响，统筹安排好研修的内容与时间，提升校本研修的效率与效果。

三、校本研修的管理制度缺乏弹性

从整体上来看，校本研修的管理制度缺乏弹性。访谈中一位教师这样说道：“这一系列的日反思会、周成长课、月成长汇、学期成长节、大组教研、小组教研等都要求所有教师必须参加，每天除了上课以外，还得参加这个，参加那个，学的东西很多，但是真正用来自己消化吸收的时间却很少。所以我想管理制度可以适当地增加弹性，有些内容可以分学科、分年级组织，不必要所有人都参加。制度不是用来束缚教师的，在管理上可以更灵活一些，让教师有更多的自主性。”从中我们不难感受到这位教师对校本研修管理制度的不满。实际上，让所有教师都参加各类学习，初衷是为了教师队伍整体质量的提升，毕竟本校教师队伍中新教师数量偏多，但是像这样构建在行政命令上的校本研修很容易使教师缺乏参与研修的热情，在校本研修过程中带着抵触情绪学习，甚至是应付，因而失去校本研修本应达到的效果。所以，研修的管理制度可以多一些弹性，多一点灵活，毕竟依靠行政力量推动的校本研修是不会持久的，教师主动参与研修才是校本研修取得实效的关键。

四、专业引领不足，课题研究缺乏指导

专业引领是校本研修不可或缺的一环，是教师专业发展的关键，起着指引方向的重要作用。对一线教师来说，专业人员具有丰富的专业素养，在专业人员的引领下教师可以快速地成长。然而通过调查了解到，本校校本研修专业引领不足，专业人员的引领作用未充分发挥。

统计专业引领下各子要素的平均分（见表2-17）后可以发现，现场指导的平均分最低，其次是理论学习，可见教师从现场指导和理论学习中的实质性收获并不大。从访谈中了解到，现场指导之所以得分最低，是因为本校缺乏现场指导这一重要专业引领形式，教师很少能够接受专家的现场教学诊断，更别说与专家一起备课、听课、评课、改进后再上课。现场指导是促使教师的实践经验与教育理论有机结合，从而提升教育教学水平的重要途径。无法从理论高度发现问题并解决问题，会使教师的专业水平得不到切实有效的提高。所以缺少了专家的面谈与现场指导，致使很多教师无法将理论应用于实践，从而认为理论学习对专业发展并无多大作用，排斥关于理论培训的专家讲座，更别提自觉学习吸收教育教学理论。

专业引领不足也导致了本校教师缺乏课题研究指导，教师科研能力有待提升。新课程改革提倡“教师即研究者”，倡导教育科研与教师日常教育教学相结合，鼓励教师对遇到的实际教育教学问题进行课题研究。教师的课题研究在教育教学中进行，与教育教学活动交织在一起，其研究过程也是尝试改进教育教学的过程，所以课题研究对教师的专业发展具有重要意义。课题研究学术性相对较强，对教师进行有效的指导是非常有必要的。但本校对课题研究这方面的专业指导有限，仅局限于专家讲座中关于教育研究方法的培训，加之缺乏专家的现场指导，致使教师表现出在教育科研方面的低能，严重阻碍了教师进行课题研究。访谈中教师也说道：“以小课题的形式把教育教学问题更详细地分析出来，然后写出具体的措施，这是有利于教师专业成长的。但我们目前在研究能力上非常欠缺，有时候发现了问题想做研究，但没有专家指导，本身能力有限，也不太懂研究方法，也就放弃了。”

五、校本研修缺乏完善的评价体系

对校本研修进行评价是校本研修过程中的重要环节，是校本研修持续健康发展的“助推器”。评价的目的是促进学校和教师对研修过程进行回顾和反思，发现不足之处，及时改进，从而明确下一步研修的方向和重点，提高研修效果。①

目前本校教师评价采用“自评互评”的评价方式，即每位教师根据工作任务单，对课堂教学及常规工作做出自我评价，总结记录工作中的创新点和不足，并制定整改措施；教师之间互相听评课，对每月、每学期工作互相鉴定，在互相交流和评价中，借鉴并吸取经验，促进相互间的合作和提升。“自评互评”的评价方式对教师的发展无疑是有益的，但在实践中却未能起到预期效果。从实地调查了解到，本校校本研修评价，仅是对单次活动进行量化和排名，且量化主要针对活动中的出勤、纪律、卫生、发言人数等常规内容，而有助于教师成长方面的评价较少，例如周成长课上对教师的评价就是由六位教师组成评委组为教师的主题展示打分，除打分外没有其他评价，教师的问题还是没有解决，其观念、行为也没有改进。

第四节　完善保定市美术中学校本研修的对策建议

保定市美术中学校本研修存在研修内容的实用性与针对性有待加强、时间与内容统筹安排欠佳、管理制度缺乏弹性、专业引领不足、缺乏完善的评价体系等问题，大大影响了校本研修的效果。为提高校本研修效果，促进教师专业发展，必须针对上述问题提出解决策略，完善校本研修。

一、根据教师需求设计研修内容

教师对校本研修内容的需求既相对集中，又涉及教育教学的方方面面。由调查结果可知，本校教师在教学知识和教学技能技巧两方面的需求最强烈，而这两方面又会涉及许多具体的教育教学需求。所以，要根据教师需求设计研修内容，必须要做到准确捕捉教师需求和提炼教师需求这两点。

① 周东祥．校本研修：理论与实务［M］．武汉：华中师范大学出版社，2007：8，357，363，364.

（一）捕捉教师需求

校本研修根植于学校，校长理应是校本研修的第一责任人，《义务教育学校校长专业标准》也指出：“校长是教师专业发展的第一责任人，将学校作为教师实现专业发展的主阵地。”所以，捕捉教师需求需要校长和其他校本研修的组织者、负责人的共同努力，要从引领教师专业成长的角度出发来准确把握教师对校本研修的需求，除了要做好校本研修需求调查分析外，还需要校长与其他组织者、负责人深入学校的日常教育教学工作中，倾听教师的声音，了解教师日常的工作状态以及教育教学实践中遇到的困惑，这样才能及时准确地捕捉到教师的需求，根据需求设计研修内容。

（二）提炼教师需求

教师个体对校本研修的需求是多元的、动态的，需要学校依据本校的实际情况，对教师需求加以提炼、引导，形成促进学校、教师共同发展的高层次专业需求。

一方面，要实施从问题到主题的校本研修。每一次的周成长课、月成长汇、学期成长节都应有主题，主题源自学校的教育教学实践，由教师对日常教育教学情境中产生的问题进行反思，提出自己的想法，与组织者交流讨论，提炼出共性的问题，确定主题。组织者要将主题提前告知教师，让教师明确研修的目的和价值。另一方面，在提炼教师需求时需要考虑教师需求的实效性和差异性的特点。

首先，教师需求具有实效性。成人学习理论告诉我们，成人学习者只有学习可应用于其工作或其他有价值的实践活动，他们才有学习的动力。通过调查也了解到，本校教师急需的研修内容是学科教学知识和教学技能技巧两大方面，因为这两方面能较快应用到实际教学中去并产生效果，访谈中教师也表现出了关注实践性的研修内容高于理论性的研修内容。所以，考虑教师需求的实效性，校本研修内容的选择可以优先考虑满足教师日常教育教学实际需求的内容，研修的重点可以优先放在实践操作层面。对于教师较为排斥的理论学习，笔者认为在解决实践问题时寻求理论的支撑与帮助，比学习纯理论更容易接受，教师也更有兴趣。

其次，教师需求具有差异性。教师对校本研修的需求会在性别、教龄、学历、年级等方面有或大或小的差异，如刚入职的新教师迫切希望提升教学能力和班级管理能力，想要晋升的教师需要提高科研能力，不同学科的教师希望能增添本学科的研修内容。所以校本研修必须尊重教师之间需求的差异，有针对性地促进不同群体的专业发展。学校可以在考虑宏观需要的前提下，适当针对教师的专业成长需要、个人发展需要安排研修内容，可以事先调查不同类型、不同水平的教师群体对校本研修的需求，根据不同群体的特点和需求确立研修小组，并且由组织者和教师共同制定研修方案，然后设立针对不同教师群体的分会场，由教师自主选择参与。

二、提高校本研修质量，激发教师内部研修动机

（一）完善教师成长链

完善教师成长链，除了要做到上文中提到的根据教师需求设计研修内容外，还需要减少会议数量，提升会议质量。教师平时需要将大量的时间和精力投入到教学工作中去，频繁的会议不仅会降低研修质量，同时也会降低教师的职业幸福感。笔者认为，本校的日反思会可以和周成长课结合，在周成长课中设置“讲述自己的教学故事”环节，鼓励教师把自己的教学故事、班级里发生的故事或是在教学中遇到的问题、困惑等讲述出来，并说出自己的见解，通过真实生动的案例引起教师们的共鸣，一起交流讨论，解决问题，分享经验，以此达到以反思促发展的目的。当然，虽说减少了会议数量，但还必须要保证会议质量。对于会议上教师提出的问题，首先需要讨论问题解决策略，如果可以落地实施，相关负责人就必须跟踪问题的解决过程，并及时提供反馈，直至问题解决。问题解决后教师要对整个过程进行反思，发现不足，总结经验。

（二）激发教师内部研修动机

教师成长链有其自身存在的问题，被动研修的局面已经显露出来，访谈中可以感觉到教师参与研修的动力不足，行政推动大于教师主动。所以，激发教师的研修动机是提高研修效果的关键。从“校本培训”到“校本研修”，要求

教师从过去的被动接受者向现在的主动学习者转变，校本研修只是为教师学习、研究、交流提供平台，要真正发挥其作用，主要依赖教师的学习动机。马斯洛主张，成人学习动机就是自我实现需要的体现，强调内部学习动机的作用。当然，外部学习动机也是影响教师学习的重要因素，同样不可或缺。

对于激发教师参与研修的动机，笔者认为需要将外部动机转化为内部动机。按照动机内化理论，“个体行为动机的内化是指个体在学习中通过对事物重要性的认识和自我决定感，将外部的要求转化为个体的认同经验与自我调节的一种积极的学习过程”①。首先，学校要遵循教师成长规律设计安排研修活动，为教师创设“能研修”的环境和条件，并制定与研修相关的制度，但制度不是要限制教师，对教师提出过多的强制性要求，而是要引导教师积极地参与研修，正如“学校变革最为核心的任务，是要将组织、制度、机制这些‘刚性要素’的变革，转化为学校文化和人的素质这样一些‘柔性’的东西”②。所以，制度的设计要更关注教师的内心需求，关注研修活动的策划与组织，关注教师的成长。除此之外，学校可以通过多种方式激励教师积极主动研修，例如情感激励、榜样激励、荣誉激励等，借助外部力量逐渐实现教师由消极研修到积极研修、由被动研修到主动研修的转变。之后，学校要唤醒激活教师的研修意识，通过营造相互帮助、交流合作的研修氛围，使教师体会到研修的价值和幸福，使其“想研修”，形成主动研修的习惯。在这一步步的过程当中，良好的研修文化也会随之创生，最后逐渐形成“我要研修”的研修文化，潜移默化地影响教师的研修意识，完成外部动机的内化，使研修依靠内部动机驱动。

三、整合校内外资源，强化对教师的专业引领

专业引领实质上是理论对实践的指导，所以专业引领首先需要发挥专家学者的引领作用，为教育教学实践在理论高度上提供保障。除此之外，校内外优秀教师以及网络资源同样可以发挥专业引领的作用。

---

① 暴占光．初中生外在学习动机内化的实验研究［D］．长春：东北师范大学，2006：18.

② 杨小微．整体转型：当代学校变革“新走向”［M］．南京：江苏教育出版社，2011：162.

（一）发挥专家学者的引领作用

针对本校缺乏现场指导和课题研究指导的情况，本研究认为可以从以下三方面加强专业引领。

1. 举行专题研讨会

学校根据教师的研修需求，聘请有关专家学者围绕教师关注的问题或是在教育教学中遇到的亟待解决的问题设立一个主题并举行研讨会。在研讨会上，不是专家一方的单向信息传输，而是教师与专家各抒己见，双方双向信息共振，以思想的碰撞激发双方的灵感，获得对问题新的认识与理解。

2. 专家深入教学现场

专家深入教师的教学现场，与教师共同备课，进入课堂教学现场观察，课后与教师一起开展反思评课等活动，帮助教师改进教学工作。专家以平等参与的方式进入教学现场，把自己拥有的专业知识与现实的教学情境进行“对接”，经过实证分析后，提出有针对性的意见，这些意见是专家经过加工整合的，融入了一线教师的教学实践情境信息，贴近一线教师的知识经验，更容易被教师接受。①

3. 加强课题研究的指导

教师自身能力的局限很大程度上阻碍了教师的课题研究，学校应该邀请有关专家加强对研究理论、方法、操作的指导，在课题的选题、开题、调查、搜集分析资料、撰写课题研究报告等环节进行全程跟踪指导，使教师学会发现问题、把问题转化为课题、运用理论知识和技术方法解决问题；鼓励教师之间进行合作课题研究，或是参与专家的课题，多方面提高自身的科研能力。

（二）发挥优秀教师的引领作用

优秀教师是学校的宝贵资源，他们无论在教育教学理论还是在实际的教育教学工作方面都有较深厚的修养，所以学校既要充分发挥校内优秀教师的带头作用，推动校本研修有效开展，又要加强校外骨干教师对本校教师的引导。

---

① 周东祥．校本研修：理论与实务［M］．武汉：华中师范大学出版社，2007：8，357，363，364.

在发挥校内优秀教师的引领方面，学校可以定期开展优秀教师经验分享会、专题讲座等，邀请本校优秀教师作为校本研修顾问，组织优秀教师带头结伴相互观摩教学，课后相互评价，相互促进。提倡“师徒结对”，优秀教师一对一或一对多帮助新教师快速成长。此外，鼓励优秀教师申报课题，组成课题研究团队，带动教师整体参与研究，在实际研究中掌握运用研究方法。

在发挥校外骨干教师的引领方面，学校可以邀请本市及全国骨干教师来校对教师进行指导，分享经验；也可以组织本校教师“走出去”，为教师创造各种外出学习的机会，回校后将外出学习所得与大家分享交流，充分发挥优秀教师的辐射作用。

（三）利用网络资源实现专业引领

网络互动是一种以网络协同学习平台为技术支撑而开展的有组织、有引领的教师自主研修活动的新方式，它不是对传统的教研和面对面的集中培训的取代，而是对传统的教师常规教研与培训的增容、延伸与发展。① 网络互动可以打破时间和地点的局限，教师利用网络便可以与全国各地的专家、学者、优秀教师进行文字交流或视频交流，扩大了专业引领的范围。

学校可以建立校园网站，将网站作为辅助研修的平台。校园网站要与其他教育网站实行对接，链接相关教育网站，为教师查阅文献、了解最新教育动态提供便利。校园网站也可以举办网上培训班，将专家讲座或是上课视频发布在网上，教师各取所需，足不出户就可以接受培训。此外还有博客、论坛、微信、QQ 等工具可以为教师交流、学习提供便利。

四、制定完善的校本研修评价体系

笔者根据本校的实际情况，同时借鉴国内比较先进的评价经验和国外的评价理论，从评价理念、评价主体、评价方式这三方面完善校本研修评价体系。

（一）明确评价理念

保定市美术中学教师成长的目标是：成为未来的课改专家、教育家，对校本研修进行评价要以教师成长目标为指引，以促进教师专业发展为落脚点。评

① 马立，郁晓华，祝智庭．教师继续教育新模式：网络研修［J］．教育研究，2011（11）．

价不是为了证明，而是为了改进，为了学校和教师的发展。所以，本研究认为本校校本研修评价的基本理念应是：以评价促改进，以评价促发展。

（二）建立多元评价主体

多元评价主体最先由美国的派特提出，突破了只有专家和领导参与评价的僵化模式。1944 年美国斯坦福大学教授费特曼提出，被评价对象也要积极参与评价的过程，为加深其对评价的认识须在参与过程中学习有关评价的知识和技能。① 这些理论的提出，开拓了多元评价主体的新领域。同样地，校本研修评价也应该倡导多元评价主体。

首先，强调教师在评价中的主体地位。教师是校本研修最直接的参与者，且具有反思意识和能力，所以教师不应置身评价之外，而应是评价的主体，让全体教师参与到评价标准的制定中，对照标准进行自我评价、自我反思，感受到自我价值，提高对校本研修的积极性。其次，同事之间也应进行评价，因为同事之间知识、身份接近，彼此交流的机会多，能比较客观地评价彼此的进步与不足。再次，学校领导了解教师在研修期间的工作表现和绩效，能对教师的日常工作加以评价。最后，家长和学生是教师校本研修的受益者，他们的评价能直接反映研修效果，所以家长与学生也应参与到评价中来。

（三）融合多元评价方式

本校对教师校本研修的评价方式过于量化，这样的评价方式强化了评价的甄别功能，弱化了评价的改进、反馈、激励的功能，无法真实反映教师的研修效果，对促进教师专业发展的效果非常有限。所以，学校可以通过教师自评他评报告、系统的课堂听评课、学生成绩、跟踪发展等定性与定量相结合的形式来评价教师，把教师发展与职务晋升、晋级评优等挂钩，激励教师通过学习获得回报。

对于问卷调查了解到的教师最希望用跟踪三年发展的方式来评价校本研修，笔者认为学校可以鼓励教师制作教师专业发展档案袋来跟踪自己的发展历程。教师专业发展档案袋是教师用来记录自己从事教育的历程、成绩、经验和

① 陈玉琨．教育评价学［M］．北京：人民教育出版社，2003：245.

专业发展成果的资料库，它是教师在职业生涯中不断反思、总结、评价而得到的结果。档案袋可以记录教师的愿景规划、校本研修的过程、校本研修中取得的成绩和成果、教师的反思资料等。档案袋由教师自主制作、自主管理，档案袋里的资料伴随着教师日常专业活动过程而逐步积累，除阶段性资料要集中一段时间完成外，其他过程性资料要做到及时收集整理，切勿采用突击的方式编写档案资料。① 档案袋评价可以使评价者和被评价者全面系统地了解教师的专业发展历程，掌握个体的状况和特点，以便对症下药，而且也有助于纵向比较，为综合评价做参考。

结 论

校本研修作为教师继续教育的重要形式在教师专业成长的道路上发挥着重要作用。校本研修强调教师主体地位，重视教师在教育教学实践中的反思，提倡教师之间交流互助与合作，关注教师需求，解决教师遇到的实际问题，使“教师成为研究者”落实到教师的日常工作中，使教师在教育教学实践中真正实现专业发展。

保定市美术中学校本研修尚处于探索阶段，所以必然会有不成熟的地方，从本研究调查结果的分析中也可以发现其存在校本研修内容的实用性与针对性有待加强、校本研修的时间与内容统筹安排欠佳、校本研修的管理制度缺乏弹性、专业引领不足、校本研修缺乏完善的评价体系等问题。但不可否认，本校校本研修对教师的专业发展是卓有成效的，尤其是对提高教师职业道德修养和明确个人职业规划方面具有显著成效，并且本校的校本教研得到了教师的一致认可，认为其可以高效快捷地提高教学能力。

本研究从教师的角度考察保定市美术中学校本研修的效果，从调查结果的分析中发现存在的问题，针对问题提出解决策略，完善校本研修，以期促进教

① 周东祥．校本研修：理论与实务［M］．武汉：华中师范大学出版社，2007：8，357，363，364．

师专业发展和学校的发展。本研究仅从教师的角度对校本研修进行了调查与分析，未能从学校的角度探究校本研修的现状及效果，并且本研究未能长期深入跟踪教师的校本研修活动，只对已有的研修文件和问卷、访谈收集到的资料进行了分析，以此得出的结论难免不够全面和到位。这些有待在今后的学习与研究中进行改进和进一步深入研究。

（原为河北省教育家型校长培养工程首期培训班结业论文，2020 年 8 月 22 日）

思想进阶是因为站在高处看教育

——在河北省教育家型校长培养工程首期培训班结业典礼上的发言

尊敬的领导，敬爱的老师，亲爱的同学：

四年来，在学习、实践、凝练的循环往复中，我认为教育家型校长应具备六个特质：强烈的家国意识、深厚的教育情怀、开阔的教育视野、丰富的教育实践、鲜明的教育思想、广泛的辐射引领。同时，我也主动对标、自我诊断、自我完善、自觉成长。下面我主要从四个方面进行汇报。

一、专家引领与自主学习相结合

在四年的学习中，导师的引领研修和针对性的指导开阔了我的教育视野，让我站在更高处看教育。

我倍感幸福的是北京开放大学校长褚宏启和北京市广渠门中学教育集团校长吴甡成为我的理论导师和实践导师。四年来，褚宏启校长到校指导十余次，通过电话、微信进行的指导不计其数。吴甡校长到校指导两次，我带领我的中层干部到广渠门中学跟岗学习两周，吴甡校长工作室更是经常组织线上和线下的研讨活动。两位导师的悉心指导使我在教育思想凝练、学校管理、教师发展、学生培养等各方面不断突破与创新。

能够进入培训班学习，让我无比骄傲和自豪，这个班通过高层次、高水平、高标准的研究型培训，为全省校（园）长办校治校碰撞思想、融通智慧提供了交流平台，助力校（园）长的成长与发展。我充分利用每一次学习机会，不敢有丝毫懈怠。

最让我感动的是厅里的领导为了这个班呕心沥血，无论是在国家教育行政学院学习的两周时间，还是在北京大学学习的20天的时间里，张恩永处长都全程陪同。我们师大的领导和老师为了这个班废寝忘食，他们严谨的治学态度浸润了我的思想和心灵。犹记得，在北大学习期间，班主任李晨英老师两次在深夜以借充电器为由来到我的房间，我都在认真完成作业，后来我才知道，李老师这是在“查岗”。

我深知，要想成为一名教育家型校长，就要静得下心来，读书、践行、反思，生成教育智慧。更要走得出去，通过实践考察和同行交流，积淀思想理念，成长自己，引领团队前行。

四年来，我先后阅读了50余本书，读书拓宽了我的教育理论视野，加深了我对教育现象的剖析和自我反省。据此，我撰写了多篇文章，其中《细微处变革教育　活动中成长师生——〈中国教育路在何方〉读后心得》于2018年4月发表在中国教育干部网络学院网站。

我自费前往芬兰、瑞典、挪威、美国、英国、法国、俄罗斯等教育发达国家及地区进行考察。同时我担任河北省政协委员、保定市人大常委、保定市政协常委、保定市政协科教文卫委副主任、民革保定市委副主委，自觉学习党政机关先进的管理经验和运作机制。此外，我还主动参观企业和部队，将企业管理、部队管理与教育管理相结合，将国内外教育的先进经验有机融合，探索出一套能最大程度激发全校师生主动性、能动性的学校治理体系。

二、系统规划与创新实践相结合

通过专家的针对性指导、课题研究和跟岗学习等活动，我不断充实教育理论，丰富教育实践，系统设计学校中长期发展规划，以规划为统领，构建了学校的文化体系、治理体系、课程体系，制订了学校的德育方案、智育方案、体育方案、美育方案、劳育方案，整合各种资源，创新育人途径。

创新学校文化体系。从精神文化、制度文化、行为文化、物质文化四个方面系统构建了“自然而然、自如其然”的自教育文化体系，凝练出具有美中特色的理念文化，彰显自教育内涵的“自觉”文化，促进自主成长的“反思”

文化。

创新学校治理体系。突破传统学校管理的立体多层级管理，建立新型学校治理体系，管理中实行扁平化、构建共同体、实施项目制、开展竞聘制，激发师生参与管理的积极性，提高工作效率。

创新学校课程体系。学校在课程建设过程中将学生、教师、校长和家长共同作为自教育课程的主体，研发了适应四大主体不同发展需求的自教育课程体系。

创新课堂教学体系。构建“思维生长五环节”的自本课堂模式。自本课堂强调师生共同作为学习者，积极探索项目学习、跨学科主题整合、真实情境的实践活动等课堂模式，体现教中有学、学中有教的教学互动关系，形成一种“新学习样态”。

创新教师成长体系。基于教师成长目标，创设了立体式、综合式的成长方式，构建了教师他成长链（日反思会、周成长课、月成长汇、学期成长节）和教师自成长链（自育、他育、博育）。

创新办学模式。为响应京津冀协同发展战略，2015 年，保定市美术中学与保定国家高新区管委会、北京市八一学校合作创办北京市八一学校保定分校，开创了河北省政府购买教育服务的先河，在全国开启了政府、名校和社会力量三方合作的办学模式，成为京津冀教育协同发展的标志性项目。

探索美术拔尖创新人才的培养模式。2018 年 9 月，保定市美术中学开设了拔尖创新班。这个班在文化建设、课程建设、课堂模式、班级管理、师资配置、教育服务等六个方面进行了创新，为学生打开丰富多彩的美术世界的大门，种下成为画家、设计大师的种子。与此同时，北京市八一学校保定分校开设了以英语教学为特色的蓝思班和荣臻拔尖创新实验班，旨在培养科技创新人才。

近年来，美中办学特色愈加鲜明，教育质量不断攀升。2011—2019 年，共有 160 名同学考入清华大学美术学院、中央美术学院，占到清华大学美术学院、中央美术学院十年来招生总数的 1/58。每年多名同学获得中央美术学院、清华大学高考专业测试单科第一名；文化成绩连续四年每年增长 25 分左右。50%以上的毕业生进入大学后担任班长、团支书；95%以上的毕业生成为班干部、学生会干部、社团干部。北京市八一学校保定分校短短四年在生源质量、师资待遇、收费标准等方面迅速成为保定市第一，成为全市热点学校。

三、思想凝练与成果转化相结合

思想，是学校教育的灵魂。它是学校的“校标”和“校魂”，引领着学校发展的方向。

二十余年自主创业、自主成长的经历，我深深意识到：无论是校长，还是教师和学生，具有自教育的意识和能力是多么重要。

2014 年，我入选第七期全国优秀中学校长高级研究班，该班注重校长教育思想的凝练。那时，自教育思想开始由朦胧变得明晰。2016 年，我入选河北省教育家型校长培养工程首期培训班，学习丰富的教育理论，总结办学实践经验，凝练教育思想。2018 年，我入选教育部第二批“国培计划”中小学名校长领航班，进一步凝练教育思想、提升实践创新能力。

这三个班，都指向教育思想的提炼，在代蕊华、褚宏启、吴甡、李曼丽、刘彭芝等多位导师的指导下，自教育理论与实践体系日益成熟。六年中，围绕自教育思想，对自教育文化、自教育课程、自本课堂、自教育管理、自教育校长、自教育教师、自教育学生等进行多角度系统实践与探索。理论和实践相互穿插，相辅相成，共同推动了自教育思想的发展与完善。

随着对自教育思想认识的不断深化，我先后发表了 11 篇文章。主持了“自教育的实践与思考”省级课题，该课题在 2020 年 6 月底顺利结项，被评为省级优秀课题。以该课题为基础的《自教育理论建构与实践创新研究》荣获了“河北省第八届基础教育省级教学成果奖一等奖”。2020 年 3 月，我又申报了全国教育科学“十三五”规划 2020 年度课题“自教育理论建构与学校育人模式创新研究”。专著《自教育理论与实践》也于 6 月底交付出版社。

在我的带动下，广大教师积极主动地开展校本研究，校内形成了“人人有课题、事事可研究”的良好氛围。四年间，两校教师共承担 2 项省级课题，12

项市级课题，发表学术论文 30 余篇。

四、辐射带动与引领提升相结合

凝练思想，辐射一方，是河北省教育家型校长培养工程的培养目标，在四年的学习过程中，我始终朝着这个目标努力迈进。

作为教育部全国名校长领航工程学员，2019 年，我积极响应国家关于教育扶贫的号召，主动选派干部赴四川凉山支教，带队干部就是我的儿子，为打赢脱贫攻坚战和民族团结贡献力量；还与保定市三中分校、保定市阜平县台峪学校、龙门小学、向阳庄八一小学、易县西陵小学等 20 多所中小学进行结对帮扶。2020 年 5 月，我受邀参加国家教育行政学院组织的“十四五”学校发展规划前瞻线上论坛，向教育部定点帮扶的河北省、甘肃省、云南省三省的校长分享学校、年级、班级三年发展规划设计的理念与路径。

我还担任了保定市教育改革与发展研究会的法人、副会长兼秘书长，助力我市深化教育改革、推进教育创新、建设教育强市。由保定市教育局主办、美中和八一学校承办的保定教育大讲堂，为我市教育行政干部、中小学校长、教师接受最前沿、最权威、最全面的教育信息打开了一扇窗，助力全市教育事业的崛起、跨越和复兴，目前已有 20 余位专家来此开讲 30 讲。2020 年 6 月，我受教育部基础教育司邀请参加普通高中办学质量评价标准的研制工作会议，为标准的制定出谋划策。

受保定市教育局委托，我担任了保定市贫困县高中校长工作室的主持人，充分发挥自身的示范作用，整合北京专家资源，为推动保定市贫困地区高中教育发展贡献力量。

今天，培训班的学习画上了句点，但今天又是一个新的起点。我将继续对照培训班“五个一”和名校长领航工程“七个 N”的要求，每年精读 10 本书，省级以上刊物发表文章 5 篇；明年上半年筹备自教育思想报告会；筹备建立教育部中学校长培训中心专家工作站；筹备成立教育部与河北省两级的贺宇良校长工作室；筹备承办全国中小学课堂教学创新成果博览会和全国中小学课堂改革风向标年度论坛。每两年申报一项省级课题，每五年出版一本我的科研成果集。三至五年陆续出版《自教育文化论》《自教育课程论》《自教育课堂论》《自教育治理论》《自教育校长论》《自教育教师论》《自教育学生论》《自教育科研成果集》《教师自教育故事集》《自教育 100 个方法》《自教育 100 个教学设计》《自教育 100 个教学案例》等 12 部专著。

四年的系统培训，领导和专家的悉心指导，同学的启发与帮助，为我铺就了迈向教育家型校长的道路。今后我将继续主动学习，躬身实践，自觉锤炼教育家型校长的特质，坚持用教育家的精神成长自己，发展学校，引领区域基础教育的发展。

教育家的精神和思想在前方，我在路上。

保定市美术中学新生入学教育的实践探索

入学教育是新生进入高中的第一课，是学校协助高一新生在转变中完成身份过渡的教育环节，也是新生熟悉和适应高中校园生活的重要阶段。新生入学教育是指根据新生的特点及发展需要，针对新生在政治、思想、学习、生活、心理等方面的特点，有目的、有计划、有组织地开展一系列工作，使其尽快适应新的学习和生活环境，初步了解专业知识及其相关概念的一种教育。保定市美术中学（以下简称“美中”）自 2009 年开始探索入学教育的实践路径，经过不断创新与突破，形成了相对科学、系统的入学教育课程体系。

一、入学教育的历史沿革

美中的入学教育始于 2009 年，最初的入学教育仅含军训课程与拓展训练课程，军训课程由学校的教官和体育老师来组织，拓展训练课程则聘请专业的团队来组织。经过两年的探索和实践之后，2011 年，入学教育全面升级，在原来的军训课程与拓展训练课程的基础上，增加了专家课程和课堂体验课程，从生活到学习，从身体到心理，为新生开启高中生活做好全方位的准备，且这些课程全部由学校的教官和教师自主设计开发，不再聘请外面的团队。2014 年，笔者入选教育部旨在培养教育家型校长的第七期全国优秀校长高级研究班，该班注重校长教育思想的凝练。那时，办学以来的点点滴滴浮现于脑际，自教育思想由朦胧变得清晰，于是笔者带领学校的团队开始对自教育理论进行深度思考与实践，入学教育也在自教育思想指导下进一步升级上档，课程体系更加丰富，新增学习生涯规划、参观考察、国学教育、制度学习、随笔写作等课程。随着自教育思想的不断发展与深化，特别是 2017 年以来，入学教育愈加体系化、专业化，构建了军训课程、组织课程、专业课程、自本课堂培训课程、研学课程、梦想课程、生命健康与安全课程、制度课程、心理课程、劳育课程十大课程群。

二、入学教育的设计理念

通过入学教育课程对学生的理想铸就、意志锻炼、团队协作、习惯养成、专业及文化学习入门等进行全方位的训练和培养，旨在完成以下目标：

1. 使学生能够成功完成初中生到高中生的跨越，成为优秀的美术生。

2. 培养学生学会学习，爱上阅读，坚持每天锻炼自己，在错误中反思自己，学会有主见、有计划地做事情，对身边的人表达爱和善意，善于发现美，善于协商等八大黄金习惯及勇于探索、敢于担当、大胆创新等受用一生的品质。

3. 为学生种下成为未来画家和设计大师的种子，打开丰富多彩的美术世界的大门，让他们自觉树立八大美院、著名艺术院校和重点大学的升学目标。

4. 引导学生养成文明有序的学习、生活习惯，树立自信、自强和自治的自教育意识。

5. 为美术高中、美院发展乃至未来画家、设计大师的完整成长奠定坚实的基础。

三、入学教育的设计思路

（一）基于政策

入学教育作为各级各类学校模式培养的开端，历来受到政府及学校的重视。我国虽没有专门针对新生入学教育的政策出台，但一些重要的教育政策文件中都提到了学段衔接教育、学生综合素养培养等内容。如《中小学德育工作指南》中明确指出："中小学的德育工作要注重学段衔接和知行统一。"《关于新时代推进普通高中育人方式改革的指导意见》指出，要构建全面培养体系：突出德育时代性；强化综合素质培养；拓宽综合实践渠道；完善综合素质评价。并指出要"加强对学生理想、心理、学习、生活、生涯规划等方面指导，帮助学生树立正确理想信念、正确认识自我，更好适应高中学习生活，处理好个人兴趣特长与国家和社会需要的关系，提高选修课程、选考科目、报考专业和未来发展方向的自主选择能力”。这些政策从理念到目标、从思路到途径，对各级各类学校设计入学教育课程体系起到了关键性的指导作用。

（二）基于理论

1. 全人教育理论

全人教育的核心是对“全人”的培养，而全人的基本特点就是全方位的素养培养，重要任务是培养能力和挖掘潜能。

全人教育强调自我与外界的充分沟通。在关注自身全面发展的同时，还要加深受教育者在教育过程中合作精神的体验，培养人与人之间的相互理解、相互关心的素养，使自我发展与外界发展相融合，促进人的发展。

全人教育强调过程与结果的内在统一。实现“全人”的过程要围绕这一目标，以受教育者为主体，鼓励其积极参与教育过程，这个过程就是个体与实际生活的互动过程。在双方共同营造的教育环境中，受教育者渐渐实现全人的教育目的。

2. 马斯洛需要层次理论

马斯洛需要层次理论将人类的多种需要划分为五个层次，分别是生理需要、安全需要、归属与爱的需要、尊重的需要、自我实现的需要。

对新生而言，他们较之以前所面临的生活改变值越大，由此引发的心理需求相应也更为迫切，主要表现在：第一，生理和安全感的需要。主要表现为生活上的不适应，以及陌生环境带来的不安全感。第二，社会交往需要。新生迫切希望在新环境中建立良好的人际关系，渴望融入新的群体生活，从中得到激励、自信和归属感。第三，尊重需要。高中生处于自我意识迅速发展的关键期，他们个性的发展和意识的独立使得他们渴望得到他人的认可与尊重。第四，求知需要。由于高中教学方式与学习方式的改变，一些新生不能很快地适应变化，表现出紧张、厌学、自卑等消极心理状态。第五，自我实现需要。这对于高中生而言就是要形成健全的人格，发挥个体的潜能，考入理想的大学，实现个人的全面发展，实现自己的人生价值。

（三）基于问题

我国普通高中高一新生入学教育普遍采用集中时间进行教育的模式，即在新生入学后，学校用一至两周左右的时间对高一新生进行入学教育。这种教育模式对新生入学教育确实可以发挥一定的作用，但实际成效并不理想。同时我国普通高中高一新生入学教育的主要内容仅限于军训及校史校貌、学校特色、校规校纪教育等方面。但这些入学教育没有教会学生如何去解决今后将会遇到的各种实际问题，如高一新生遇到学习、生活上的现实问题，他们往往不知所措，不知如何应对，这样就会影响高一新生的身份转换进程，还将影响其后续的人生发展。另外，入学教育内容在开展过程中只是简单的处理，主次不分明，重点不突出，教育形式也趋于简单化、形式化。大多数学校以采取传统的集会式讲座、军训和文体活动为主要形式进行入学教育，这些形式的优点在于受益面广、效率高，但仅仅依靠这样单一的形式难以达到预期的效果。学生不是带着极大的兴趣去获得，而是被动地接受灌输，入学教育当作耳边风的现象时有发生。

（四）基于学情

1. 缺乏学习兴趣、主动性差

由于民办校和美术特色的学校性质，美中的生源整体处于中等偏下的水平，多数学生对学习缺乏兴趣。教学模式由以教师为主导的单向传授模式转变成以学生为主导的双向自学模式，教学内容由少变多，课堂教学进度快、内容广，使得新生难以迅速适应高中的教学模式和教学内容。面对快节奏的学习生活，多数学生表现出困惑、迷茫和无所适从的感觉，学习自主性较差。

2. 冲动性强、自律性差

高中生正处于身心机能旺盛的阶段，神经兴奋短暂而具有爆发力，外在行为表现是冲动性强，自律性、自我约束力差；同时，由于自身不成熟，对事物缺乏辨别和反思，往往导致他们喜欢跟风，具有盲目性和从众性。如果学生没有较强的是非辨别能力，不能端正自己的价值观，那么很有可能会随波逐流。

3. 自信心弱，缺乏积极向上的心态

多数学生由于在初中阶段成绩不理想甚至较差，导致他们缺乏自信，并且学习上的自信缺乏逐渐弥漫到了其他方面，致使整体上的不自信。学业成绩较差、缺乏自信，导致的另一结果就是自卑。自信心缺乏和自卑感持续的不良后果是容易滋生“破罐子破摔”心理，失去积极向上的心态。

4. 团结互助能力差，集体主义观念不强

大多数学生没有经历过集体生活，对新环境尤其是陌生环境的适应性差，缺乏与人交流、合作的能力。在集体生活中容易以个人为中心，集体融入性差，从而导致与人摩擦或不适应等情况，没有精神和情感寄托，遇到挫折时表现出强烈的心理波动。

5. 思想活跃，可塑性较强

虽然这些新生存在诸多不足，但是也应看到他们身上的闪光点：在文艺、体育等其他活动上，表现积极且有一定才华；思想活跃，喜怒哀乐等个性鲜明；对社会变化、新事物、新潮流持开放态度，易于接受新鲜事物；在思想和行为上，就像一块“粗糙的毛坯”，看似不讨人喜欢，但只要精心“打磨”，一样可以成为“精品”。对于新生的这些闪光点，若能充分发掘利用，将有助于提升他们的自信心和乐观向上的态度，树立积极的成才观和自我实现的人生观，这无疑有益于他们的学习与成长。

四、入学教育的课程实施

美中的入学教育课程包括军训课程、组织课程、专业课程、自本课堂培训课程、研学课程、梦想课程、生命健康与安全课程、制度课程、心理课程与劳育课程，共计 10 个模块，260 课时。这些课程对学生的理想铸就、意志锻炼、团队协作、习惯养成、专业及文化学习入门等进行全方位的训练和培养。

表 1　保定市美术中学入学教育课程设计

序号	课程类型	课时	课程意义
1	军训课程	80 课时	强身健体，锻炼意志，学到基本的军事知识和技能，增强国防意识，提升爱国精神。培养严明的组织纪律性和吃苦耐劳、团结进取、勇于拼搏、永不言弃的精神。培养学生面对挫折、接受挑战、正视困难、勇于挑战的优秀品质
2	组织课程	50 课时	让学生认识自身潜能，增强自信心，改善自身形象，克服心理惰性，磨炼战胜困难的毅力和勇气，启发想象力与创造力，提高解决问题的能力，认识团队合作的价值，增进对集体的参与意识与责任心，改善人际关系，更为融洽地与群体合作，学会欣赏
3	专业课程	34 课时	让学生系统、全面地了解美术的门类，开阔眼界，为学生打开一扇丰富多彩的美术世界的大门。给学生种下一颗成为画家、艺术大师的种子。让学生坚定地树立八大美院、著名艺术院校和重点大学的升学目标
4	自本课堂培训课程	20 课时	自本课堂培训的内容包括自教育理念学习、课堂观摩、自本课堂体验。教学应是一种体现人的自主活动，师生关系应是对话的、和谐的，课堂应是师生共同成长的地方。让学生熟悉自本课堂的三种课型、六大环节，适应自本课堂预习、展示、质疑、补充、巩固、记忆的过程，为文化课学习打下坚实的基础
5	研学课程	28 课时	通过自教育主题的研学系列活动，让学生主动探索与学习；通过参观了解保定深厚的文化底蕴，培养学生尊敬师长、爱护校园、热爱家乡的情感
6	梦想课程	15 课时	指导学生准确定位自己的学习状态和成绩层次，制定学期、学年及三年学习目标，明确升学目标，让目标引领学生不断进步，从而开启一个不断生成和提升自我价值的过程，通过梦想的原动力指引学生全面成长
7	生命健康与安全课程	6 课时	开展生命健康与安全课程，通过观看视频了解疫情相关知识，通过事例分析，增强学生自我防护的意识，让学生明白爱惜自己的身体，才是对自己的负责，才是对家人的负责
8	制度课程	12 课时	在教官和带队教师引领下学习《新生入学协议书》，解读自教育三原则。让学生提前掌握学校制度，自主制定班级标准。以辩论赛的方式开展对于自教育思想下的制度讨论，研究并制定切实可行的班级公约初稿

续表

序号	课程类型	课时	课程意义
9	心理课程	5 课时	帮助新生尽快适应高中生活，转变新时期高中生不良心理活动，顺利完成初、高中生角色转变，并加强学生心理素质的培养，让学生能扛住学习、生活、家人、社会等各方面的压力，以健康向上的心态面对高中的学习生活
10	劳育课程	10 课时	培养学生吃苦耐劳的坚强意志和热爱生活、热爱自然的人生态度，让学生们在劳动中自成长、自完善，使学生拥有良好的社会适应能力，促进学生的健康发展，增强学生对于集体、国家的义务感和责任心

五、入学教育效果与困惑

（一）入学教育的效果

1. 使学生由不适应逐渐转变为适应学校、爱上学校，成功完成从初中生到高中生的跨越。通过入学教育，学生了解学校自教育的文化与制度，知道什么行为是学校提倡的、什么行为是学校明令禁止的。同时，提升了学生的自我管理能力，能够合理地安排自己的时间，制定自我学习目标与升学目标，明确高中三年的发展方向。

2. 引导学生养成了文明有序的学习、生活习惯，激发了学生自学、自育、自治的自教育意识。改变了学生不良的学习习惯，提高了学习效率，独立思考、解决问题的能力也得到有效提升。将自教育思想根植于学生心中，使每个学生树立自我教育的意识，初步了解自教育的方法，调动了学生学习的主动性。

3. 培养了学生的领导力、表达力、创新力、合作力、审美力、选择力等自教育六大关键能力。引导学生形成正确的自我概念，帮助学生塑造积极自信的自我形象。在入学教育活动中，学生充分挖掘自身潜能，他们的想象力与创造力得以激发，领导力与合作力得以锻炼，表达力和审美力得以发展，使得学生基本具备了未来人才所需的各项素养与综合能力。

4. 内容丰富的美术专业课程促使学生全面了解美术的门类、升学前景等，提高了对美术的兴趣与认知，为开学后的专业学习奠定坚实的基础；拓展了学生的艺术视野，为学生种下成为未来画家和设计大师的种子，打开丰富多彩的美术世界的大门，让他们自觉树立八大美院、著名艺术院校和重点大学的升学目标；为美术高中、美院发展乃至未来画家、设计大师的完整成长奠定坚实的基础。

（二）入学教育的困惑

1. 如何将五育充分融合在入学教育中

入学教育中设计了德育、智育、体育、美育与劳育的相关课程，做到“五育并举”，并未达成“五育融合”以及入学教育与五育的充分融合。五育融合不仅是一种育人理念、育人思维，更是一种育人实践，如何将五育充分融入入学教育中是需要我们继续探索的一个问题。

2. 如何构建全员参与的入学教育模式

目前入学教育主要是教师与教官来组织，社区活动、家长活动组织得比较少。习近平总书记指出：“办好教育事业，家庭、学校、政府、社会都有责任。”在入学教育中也要发挥学校、家庭、社会的各自优势，探索建立协同育人制度，创新育人方式，这是我们另一个需要思考的问题。

3. 如何运用现代科技，创新入学教育形式

如今高中生主体都是“00后”，这一代人是在高科技迅猛发展的年代中成长起来的，因而，要通过采用高科技的手段，全方位地吸引学生的注意力，以达到更好的教育效果。如何将现代科技融入入学教育，创新形式这也是我们的一个困惑。

（保定市美术中学2020级新生入学教育展示暨研讨会，2020年9月）

中小学学校发展规划的编制思路与主要内容

——以保定市美术中学为例

学校发展规划是指一所学校根据国家或地区教育发展战略规划的要求，结合自身条件，对学校未来三至五年内要达到的主要目标和发展途径，如学校发展目标、发展规模与速度、组织结构、人力资源、办学条件、实施策略等方面所做的安排。

一、编制学校发展规划的重要性

编制学校发展规划使学校办学有依据、管理有目标、工作有动力、行政有手段、联系有纽带、评价有标准，有助于促进学校依法办学、自主发展、提升品质。

（一）学校发展规划是贯彻落实国家发展规划的重要环节

2020年是“十三五”的收官之年，“十三五”时期是我国实现第一个一百年目标、全面建成小康社会的收尾期，同时又是“十四五”的规划之年。“十四五”时期是我国实现第二个一百年奋斗目标的起步期，也是中国特色社会主义迈入新时代的第一个五年规划，是进一步巩固小康社会成果、推动经济社会高质量发展、乘势而上开启全面建设社会主义现代化国家新征程的第一个五年规划。

教育规划是国民经济和社会发展计划的重要组成部分，是中央和地方政府推进教育改革与发展的重要工具。学校是立德树人的主阵地，学校发展规划既属于国家教育规划的重要内容，又属于落实党的教育方针的重要抓手，在教育规划领域中具有相当重要的地位。

（二）学校发展规划具有成文、成事、成人三重价值取向

英国学者哈格里夫斯和霍普金斯指出，学校发展规划是为了学校的发展、管理变化而采取的必要行动，是对学校发展过程进行描述且更为规范化的一种解释，是施加给学校的一种具有创造性的革新方式。也就是说，学校发展规划不仅仅是形成规划文本，它超越了“成文”的价值追求，还是一种引领学校发展的学校管理理念和管理行为改善的过程，其最终价值在于通过学校的全面发展促进学校中人的发展。因此，学校发展规划具有“成文”“成事”“成人”三重价值取向。

（三）学校发展规划是引领学校教育教学变革的行动纲领

学校发展规划有助于学校管理理念的更新，通过制定学校发展规划，对学校管理进行系统的思考，关注学校管理结构的调整、行为的改变，在参与、体验、反思的过程中，对学校发展进行理性的分析，由此确定学校在三年内的发展策略、目标定位、发展内容及保障制度、监控措施等，真正促进学校的发展。

学校发展规划有助于学校管理方式的系统性提升。学校发展规划将学校的管理方式进行系统的梳理与分析，基于每种方式的优缺点重新设计与规划，体现学校组织发展的整体性与长远性，关注学校发展的目标、过程与成效，重视在相关活动过程中各种管理方式的适切性和有效性，群策群力地探索学校未来发展的策略。

学校发展规划是持续行动的过程。通过制定、实施和评价的系列活动与过程，激励并联合社会各界力量，不断改进学校的硬件和软件，改善学校的管理、教学和科研工作，并在长期、持续、自觉的行动过程中，调动校内外各种积极因素，逐步开发学校及其所能整合的人力、社会和自然资源，努力将学校愿景一步步转化为现实。

二、编制学校三年发展规划的原则

（一）扎根本地与融通中外相结合

首先，全面梳理本省、市、县（区）教育规划的内容，明晰宏观发展目

标，分层次总结以往教育规划的经验，分析优势，反思问题，并以此为导向，结合学校的发展实际编制本校的发展规划。其次，广泛查阅国内外教育规划文件，认真研究、消化、吸收其优势与经验。

（二）目标定位与问题导向相结合

首先，认真分析国家和地区经济社会发展对学校发展提出的新要求，科学论证三年发展规划期间学校的发展目标、发展思路和建设重点，制定出有效的战略举措，使规划做到既立足实际又富有远见，既有科学性、前瞻性又具有可行性、可操作性，实现办学“规模、质量、结构、效益”四统一。其次，全面梳理学校的发展思路，总结办学以来主要的经验与教训，肯定成绩，寻找差距，以问题为导向有针对性地进行规划。

（三）顶层设计与实践创新相结合

根据学校发展定位，找准制约学校未来发展的体制和机制问题，正确处理传承与创新的关系，突出人才培养质量、教师队伍建设、学科专业群、教学科研成果与办学层次提升等重点工作的改革创新，由学校主导系统设计改革创新方案和措施，消除办学短板。规划牵头单位要加强处室、级部、学科之间的协调，注重总体规划与专项规划、专项规划与各部门规划之间的衔接。同时充分发扬民主，深入了解学校各部门及全体师生员工的发展要求，广泛征求各方面意见，充分调动教职员工参与学校改革的积极性、主动性、创造性，及时将成功经验上升为学校制度，使学校三年发展规划能充分体现出广大师生员工的共同意志，形成齐心协力谋发展的良好局面。

（四）相对稳定与动态调整相结合

学校三年的总体规划应该保持相对稳定，特别是学校愿景、总体目标、重点工作等方向性内容，经过论证确定后不宜更改，而随着国家、省、市重要教育政策的出台以及学校临时性重大工作任务，专项规划与部门规划可动态调整，同时工作进度与工作方法也可随之进行调整，以确保规划在总目标的引领下与时俱进。

三、编制学校发展规划的思路

学校发展规划立足过去，指向未来，既有对过去情况的诊断分析，又有对未来趋势的预测和憧憬。它强调要辩证处理好学校发展过程中过去、现在和将来的关系：分析过去，把握现在，创造将来。从本质上讲，学校发展规划是一种过程，而不是一种结果，而且这种过程往往又是一个循环的过程。

（一）前期研究阶段

作为一种过程的学校发展规划，要考虑五个问题：1. 我们目前在什么地方？回顾学校的过去，诊断目前状况。2. 我们希望到达什么地方？这是一个中长期的目标问题，往往是确立学校今后 3—5 年的目标。3. 我们怎样到达那里？今后 3—5 年，学校要采取什么样的策略和措施达成这些目标。4. 我们怎么知道已经到达目标？搞清楚学校成功的标准是什么。5. 我们正在做的事情效果如何？即规划的监督与评价的过程，往往是在规划实施之后进行，以及监测、评估规划的实施效果。

首先，召开部署会议。对照国家、省、市中长期发展规划的工作要求，结合以上 5 个问题，分析学校实际情况，据此部署三年发展规划的编制工作，成立编制小组，拟定编制日程，组织学习培训等。

其次，开展广泛调研。学校是师生、家长的命运共同体、利益共同体，在做学校三年发展规划时，教职工、学生、家长是重要的参与者。在编制规划之前，可以采用问卷法、访谈法、座谈法等，利用门户网站、微信公众号、电子邮箱等方式，面向教职工、学生和家长开展广泛调研。在公开、透明、宽松的民主氛围中，引导大家关注学校、思考学校、评议学校、诊断学校，征集各个利益主体对学校三年发展规划的意见和建议。

最后，起草规划框架。结合全省教育事业发展实际，研判未来三年学校面临的形势，提出三年期间学校发展的基本思路、战略目标、主要任务和重大举措，明确实施路径，形成规划的基本框架。

（二）起草完善阶段

首先，召开研讨会。专题研讨三年发展规划中的战略目标、重点问题、主要任务和保障措施等内容。在学校、级部、学科、班级等不同层面通过小组研讨的形式进行，集中反映并解决问题。如，就学校未来发展的重点项目规划，各处室、级部、学科分别制订方案，然后由处室人员、级部主任、级部优秀班主任代表、学科主任、学科优秀教师代表，分成6—8组进行研讨，每组6人，每组针对各部门的方案提出亮点和存在的问题，并就问题提出合理化的建议。通过这种方式，一方面可以广泛征集意见，另一方面也有利于加强各部门之间的联系和交流，确保编制发展规划时统一思路、统一风格。其次，开展专家咨询。召开专家咨询会议，邀请国内研究“学校发展规划”的专家来校进行系统指导，听取专家对学校发展规划编制工作的意见和建议，并根据专家的意见和建议反复修改。再次，起草规划初稿。由学校顶层设计小组牵头协调，组建学校三年发展规划编制共同体，根据学校发展逻辑框架中的不同板块和领域，做更深入、细化的梳理和划分，由相关部门进行项目认领，开展规划初稿起草工作。最后，征求意见完善。规划征求意见稿形成后，自下而上广泛征求学校所有利益相关主体（教职工、学生、家长等）的意见和建议，进一步修改规划初稿，并提交学校行政会审核。

（三）论证审议阶段

在这个阶段，可以采取自下而上与自上而下相结合的方式，利用SWOT分析法、时间“四象限”法、“1＋N”工作法、6W2H法、六顶思考帽等工作方法，对学校三年发展规划草案进行逐级论证、审议，最终定稿。

首先，将初稿交由学生会、教师会、家长委员会逐一讨论，并根据学生代表、全体教职工、家长代表讨论情况进一步修改完善。其次，将初稿交行政会审定。各项目组根据学生、教职工、家长意见修订后，提交行政会审定。再次，专家认证。邀请校内外专家、学者对三年发展规划草案进行评估论证，根据专家评估意见再次进行修改。最后，修订后的规划草案最后经学生会、全体教师会、家长委员会审议通过，通过后发布实施。

四、学校发展规划的内容

理想的学校发展规划应该有完整的基本要素和框架结构，有严密的内在联系，有鲜明的本校特色，有较强的可操作性和检测性，是通过努力可以达到的宏伟蓝图。它通常包括五个部分：第一部分为指导思想；第二部分为学校发展的现状分析；第三部分为学校的战略目标，包括办学理念、办学目标、育人目标等内容；第四部分为战略措施；第五部分为保障措施。

（一）指导思想

编制学校的三年发展规划从宏观层面要以习近平新时代中国特色社会主义思想为指导，全面贯彻党的教育方针、全国教育大会精神和《中国教育现代化2035》文件精神，落实立德树人的根本任务；从中观层面，以《中国学生发展核心素养》为框架；从微观层面要以学校的办学思想为指导，全面认识学校发展面临的新形势、新任务，深刻把握学校发展面临的新课题、新矛盾。

如《保定市美术中学三年发展规划》中将指导思想确定为：以习近平新时代中国特色社会主义思想统领学校工作全局，贯彻落实党的教育方针、全国教育大会精神。坚持以立德树人为根本任务，以质量提升为行动方向，抓住新高考改革契机，深化自教育思想，聚焦内涵提升，着力创新发展，全面提高教育质量和教育现代化水平，为全国乃至全球美术拔尖创新人才培养贡献价值。

（二）学校发展的现状分析

学校发展的现状主要采用SWOT分析法（态势分析法），从学校的基本情况、学校发展的优势与不足、机遇与挑战进行分析。其中学校的办学历史要总结，基本情况要简单，办学优势要突出，存在问题要集中。

以保定市美术中学为例：

1. 基本情况

美中成立于1997年，是河北省唯一一所具有美术特色的示范性高中。现有在校生3280人，是清华大学美术学院生源基地实验学校，曾获得“河北省课程改革先进学校”“全国教育系统先进集体”“全国文明单位”等荣誉称号。

23年来，美中自觉肩负“为未来的画家、设计大师奠基”的使命，秉持“让有幸来到美术中学的学生全部考入八大美院、著名艺术院校、重点大学，并期望他们主宰一生的命运，支撑未来中国的美术事业”的办学理想，成就“自己创造未来”的学生。

基于23年的办学实践与思考，在多位导师和专家的指导下，结合时代特征萃取出具有共识性的教育思想即自教育。近年来，聚焦自教育思想凝练、学校管理改革、班级管理改革、自教育课程开发、自本课堂建设、美术拔尖创新人才培养等方面着力改革与创新，取得了比较显著的成效，2020 年 3 月《自教育理论建构与实践创新研究》荣获了“河北省第八届基础教育省级教学成果奖一等奖”。

2. 优势与不足

为了准确把握学校发展现状，我们对全国前五名的同型学校的六项关键办学指标，即办学理念、育人目标、学校特色、内部治理、教师结构、教学质量进行了比较。通过比较，我们明晰了学校发展的优势与不足。

从学校发展的总体态势来看，我校在全国同型学校中处于领先地位，主要表现在：(1) 凝练了“自然而然、自如其然”的自教育学校文化；(2) 创建了“自治自律，自动运转”的自教育治理体系；(3) 研发了“自然自能，多元发展”的自教育课程体系；(4) 建构了“自育自觉，自律自主”的自本课堂模式；(5) 锻造了“自觉自动，自主成长”的教师团队；(6) 实施了美术拔尖创新人才培养工程。

学校的不足主要体现在：(1) 美术拔尖创新人才培养课程群需要丰富；(2) 近几年学校扩招，导致年轻教师占比较大；(3) 外省市优秀的生源比例需要扩大；(4) 党建工作的空间还比较大；(5) 学校的教育国际化水平不高。

3. 机遇与挑战

学校的机遇首先体现在政策支持，学校教育思想与新时代国家教育政策高度契合；国家对民办教育的扶持力度不断加强；拔尖创新人才培养的相关政策出台；美术高考改革增强了学校的竞争力。其次，专家引领，学校与我国教育领域的顶尖专家取得了较为密切的联系，能够为学校发展提供支持与帮助。再次，优秀校友助力，由八大美院的近 200 名优秀毕业生组成优秀校友资源库，来校指导，帮助学生做好学业规划。最后，合作办学体制，依托北京市八一学校国际化资源，引进国外优质教育项目，开展多元化国际教育课程合作。

学校发展面临的挑战主要有：(1) 学科核心素养的落地亟待解决；(2) 我

校专业的教学方向历来是面向八大美院、著名艺术院校、重点大学，美术高考改革使上述独立测试专业的高校数量减少，给我校名校升学率带来压力；（3）美术生文化本科线逐年提高，增加了我校课程改革的压力。

（三）学校发展的战略目标

学校发展的战略目标应基于学校的指导思想确立办学的总体目标，分阶段呈现阶梯目标，分类呈现专项目标。如保定市美术中学三年发展规划的总体目标为：不断深化自教育的理论探索和改革实践，系统设计学校中长期发展规划，以规划为统领，重点构建学校的文化体系、治理体系、课程体系、德智体美劳五育行动方案，整合各种资源，创新育人途径。通过三年的努力，成为理念先进、管理科学、质量卓越、师生完整成长的全国美术拔尖创新人才培养学校。

基于该总体目标，学校分年度设立了阶段目标，分项目设立了专项目标。

阶段目标：第一阶段（2020.09—2021.08）的目标为思想奠基、规范管理、科学构建、全面推进；第二阶段（2021.09—2022.08）的目标为思想提升、精细管理、重点突破、创新发展；第三阶段（2022.09—2023.08）的目标为思想辐射、系统管理、成果推广、形象展现。

专项目标主要聚焦学校发展的核心工作，具体分为八个目标：党建工作目标、文化体系建设目标、治理体系建设目标、课程体系建设目标、教学管理体系建设目标、教师队伍建设目标、科研工作目标以及教育国际化目标。

（四）学校发展的战略措施

学校发展的战略措施围绕专项目标展开，每个项目的工作目标要可测，年度任务要递进，具体措施要务实。

以保定市美术中学学校文化建设规划为例，学校文化建设的总目标为：通过文化建设育人，引导全体师生树立自教育价值观，自觉认同、践行自教育理念，将自教育思想自觉转化为师生自身行为习惯，促进师生的终身发展和完整成长。进一步完善自教育的精神文化、制度文化、行为文化、物质文化，将自教育思想及理念贯穿学校工作各方面，提升自教育文化品牌，扩大自教育文化的辐射范围。

将总目标进一步细化，明确每年度的阶段目标，根据阶段目标，制定具体的工作措施。

第一阶段（2020.09—2021.08）：树立自教育价值观。具体措施为：1. 自教育文化入脑入心，将自教育思想自觉转化为师生的行为习惯，自主开展丰富多样的自教育主题文化活动。2. 学校、年级、班级、小组规则制定更加细化，由“他律”转向“自律”，更好地保障各个共同体的自运转。3. 师生在治理、教学、科研、安全、后勤等工作行为中自发自觉，科学高效。4. 校园、教室、楼道、餐厅、公寓、卫生间等场所处处彰显自教育内涵，发挥育人功能。

第二阶段（2021.09—2022.08）：提升自教育文化品牌。具体措施为：1. 完善自教育文化理念体系，拓展自教育文化要素的内涵，提升自教育文化的育人实效。2. 完善自教育文化制度体系，学校、年级、班级制度、公约等全部由师生参与制定，由“自律”转为“自治”。3. 完善自教育文化行为体系，修订教学行为规范，以自觉文化、反思文化为引领，进一步深化学校的各项工作。4. 完善自教育文化视觉识别系统，深化以自教育文化为主题的物质建设。

第三阶段（2022.09—2023.08）：发挥自教育文化的辐射带动作用。具体措施为：形成系统的自教育学校文化建设体系，借助我的国家、省、市三级名校长工作室及河北省中小学校长协会等平台，将自教育学校文化建设的经验与兄弟学校共享，带动兄弟学校文化建设的丰富和发展。

（五）学校发展规划的保障措施

1. 思想保障

以党的十九大报告、习近平总书记全国教育大会讲话精神、教育部原部长陈宝生全国教育工作会议讲话精神为指导，以社会主义核心价值观为统领，把立德树人作为根本任务，在自教育思想的引领下，完善自教育文化体系，治理体系，德育体系，课程建设体系，课堂管理体系，校长（干部）、教师、学生、家长自成长体系的建设。

2. 组织保障

建立学校发展规划领导小组。组织全面论证发展规划的科学性、可行性，组织对规划的布局设计进行调整，对方案进行详细可行性分析论证，制订翔实的实施方案与计划。

建立规划实施项目工作组。完善学校、处室、级部三级工作体系，分级制定翔实的年度工作目标和计划，对规划进行项目分解，按项目专业特性要求组织建立规划实施工作小组，具体实施和监督项目进程。

建立规划评估委员会。充分利用专家资源，组建规划评估委员会，负责规划的全程管理，制定相应的评估体系，监督、评估规划的实施，并及时调整、修订规划。

3. 机制保障

治理机制：自定标准、自主承诺、自定奖惩、自查互查、自评互评，为规划实施工作的全员参与、高效推进提供了机制保障。

激励机制：导向正确、政策透明、及时兑现、适时调整，通过激励机制，鼓励创新。

验评机制：组建发展规划专项验评组，形成验评网络，有效实施对三年发展规划实施各环节的验评。

4. 资源保障

人力资源：三年发展规划编制项目负责人均为学校中层以上干部，成员均有一线教育教学实践经验和相关部门的管理经验，均参与过学校往年发展规划的编制工作，具有良好的战略规划和科学研究能力。

高校资源：充分利用将美中建成生源基地或与美术中学建立密切合作关系的高校及其资源，提高美中三年发展规划定位的精准性，实现大学课程的前置。

5. 经费保障

三年发展规划编制工作所需的经费，如调研经费、图书经费、资料经费、各项目组目标达成的奖励等均由学校划拨专项经费予以保障。

附录 A

激活师生主动发展内驱力

北京开放大学校长　褚宏启

新时代，成为一名好校长，最重要的是思想上要与时俱进，在实践上开拓创新。贺宇良带领团队凝练出的自教育思想，既是保定市美术中学（以下简称“美中”）生命实践场自然生长的文化体系，也是美中人的独特文化表达。

贺宇良认为，自教育是作为主体的人，自愿自觉自发地参与到教育活动中，在此过程中充分体现自觉参与、自觉配合、自觉激励、自觉内省、主动合作。自教育的核心理念是发挥人的主体性，培养人的自主发展能力，这与当前世界各国注重学生自主发展能力培养的目标是一致的；同时它也针砭了我国基础教育中学生被动发展、片面发展的积弊，要求激发学生发展的内生动力，符合全面建设社会主义现代化强国对教育提出的新要求。

自教育思想之所以在美中落地生根，并给美中的师生带来生机与活力，有其独特的原因。

首先，自教育思想源于贺宇良自主创业、自主成长的经历。贺宇良 16 岁时就梦想创办一所自己的学校，他参加过竞争激烈的艺术高考，且有着在艺术院校从教的经历，深知艺术高考背后的辛酸和不易。1997 年，贺宇良在资金短缺、生源薄弱、师资缺乏的情况下，创办了保定市美术中学，当时全国并无可借鉴的经验，唯一可以依靠的只有自己。在二十多年的自主创业的过程中，贺校长意识到只有自励、自立、自信、自强，做自己的领导者，才能创造未来，自教育思想由此生发并不断发展完善。

其次，自教育思想的发展得益于美中灵活的办学机制。由于国家采取鼓励社会办学的政策导向，并在现行宪法、教育法和其他教育法规文件中予以认可，各种社会力量办学合法化，并得到法律保障。在此背景下，与其他公办学校相比，美中可以自主聘任教师、自主确立招生的标准和方式、自主选用教材并进行课程设置、自主建构学校管理模式，这种灵活的办学机制为美中丰富和完善自教育思想提供了有利的条件。当然，办学思想就如学校的灵魂，指引学校发展的方向。美中的长远发展也需要有特色鲜明的办学思想，自教育思想就是美中的魂，引领美中走向更加广阔的未来。

最后，自教育思想根植于美中坚实的实践积累。真正的理论都是从实践中来的，然后再回到实践中去，指导实践，接受实践检验，最后在实践中丰富和发展。美中在实践中建立了系统的基于“自教育”的内部运营机制，构建了“自然而然，自如其然”的自教育文化、“自治自律，自动运转”的自教育管理机制、“自我选择，自我建构”的自教育课程、“自本自信，自由自在”的自教育课堂。

总之，自教育思想在美中的发展不是一蹴而就的，而是从无到有、从星星之火到呈现燎原之势的过程，是美中人集体智慧的结晶。

（原载《河北教育〔综合版〕》，2019 年 9 月）

附录 B

办一所理想的学校

——保定市美术中学管理探秘

《河北教育》记者　张海涛　杨思博　吴冠斌　朱子丛

有人说，教育人生来为教育。保定市美术中学（以下简称“美中”）校长贺宇良似乎就是这样的人。

16 岁那年，还是一名师范生的他，在与同学高谈梦想时，便立志创办一所理想的学校。

理想的学校什么样？贺宇良认为，理想的学校是升腾着一股力量，有目标、有信念、有理想、有追求的学校，是师生可以自由驰骋，梦想可以自由飞翔并且能够实现的学校。

师范毕业后，贺宇良选择成为一名人民教师。凭着对教育事业的热爱和对理想的执着，1997 年，他成功创办了保定市美术中学。多年来，学校秉承“为未来的画家、设计大师奠基”的办学理念，为国内外著名艺术院校知名大学输送了大批美术人才。

22 年的办学探索与实践，学校践行自主管理与自主学习理念，并“自然生长”出一种朴素的教育经验——自教育。自主学习、自主管理也成为自教育办学思想最坚实的基础。

从自主管理到管理自治

“理想的学校管理不是层级鲜明、自上而下的，而是人人是学校的主人，人人是学校事务的管理者、参与者。”

美中长期以来对自主管理的坚持、探索、检视和自省，最终促成了自教育管理的生发。

贺宇良认为，自教育管理是更高层次的自主管理，它是建立在目标导向、文化引领、机制保障下的自治，是一种通过自我参与、规章制度的约束、评价激励等方式实现的自我控制，是“要我做”的被动接受到“我应做”的自觉行动转变过程，是内化组织价值目标心底呼唤“我愿做”的过程。

简而言之，就是学校管理完全实现自治自律、自动运转。

自治自律不是无序肆意，它需要合理的目标导向、相应的文化引领，尤其是科学的机制建设，以构建维持自动运转的“生态”。

学校为此实行扁平化管理，减少管理层级，不设副校长，校长直面各个部门。赋予年级人、财、物的管理权，年级主任就是名副其实的“年级校长”，具有高度的自治和决策权，负责本年级所有教师的选择调度、考评分配等。同时，年级主任和班主任实行竞聘上岗制和班科互选制。

“这样组织出来的年级队伍具有很强的战斗力和责任意识，促使大家用心思考如何把年级、把班级带好。”贺宇良说。

“此外，年级的自治有效精简了行政人员。以学校最重要的教学处为例，仅有一个主任、一个干事，这在很多高中都是不可能的事情。”贺宇良谈到自己曾经考察过的一所学校，单单是教学处就有一个主任、三个副主任，还有若干个干事，行政人员冗余，管理效率低下。

除了年级自治外，学校注重发挥“自成长共同体”的管理作用，实现全校师生的自我教育、自我完善和自我成长。

对于“自成长共同体”，贺宇良解释说，学校中相同类别的机构或成员不再是孤立的存在，而是处于一个共同的学习型组织中，一起解决大家在工作、学习和成长中遇到的各种问题。

据此，学校组建了“教师自成长共同体”“学生自成长共同体”“班主任自成长共同体”“学科主任自成长共同体”“级部主任自成长共同体”等多个自成长共同体。

“各个共同体内部自定标准、自主承诺、自定奖惩、自查互查、自评互评，实现自治自律、自动运转。”

贺宇良举了一个“学生自成长共同体”自治案例。

去年，一段美中学生用戒尺抽打同学手掌的视频在网上广为流传，“体罚事件”一度让学校成为众矢之的，引来多方批评，各大媒体以学校师德师风问题发难。后来，市教育部门组织专项调查发现，原来当事班级学生共同制定了班级公约，违反了公约就要自愿接受打手板儿作为惩戒。网上流传的视频正是该班的一名学生惩戒违规同学时，被其他同学拍摄并无心上传到了网络，学生和家长对此都了解并且十分支持。真相大白后，社会上对学校的误解消除了，班主任最终免于处罚。

“班级管理中，学生既是规矩的制定者、参与者，也是践行者，师生关系非常和谐。”贺宇良说，这种管理是自下而上的，而不是自上而下的，不会让学生产生逆反抗拒的心理。

自成长共同体解决师生自身成长所面对的种种问题，实现各个群体对群体自身成长的管理，而在自成长共同体之外，学校还实行项目负责制，主要解决学校日常遇到的一系列活动。

美中的一份材料上把该项制度的实施分成了四个阶段：项目立项阶段，由牵头老师自主选定项目，明确项目内容，自行组建项目团队；项目规划阶段，项目团队制定项目目标，规划项目时间，撰写项目任务书；项目执行阶段，明确任务分工，进行过程调控，定期阶段性总结；项目结束阶段，负责团队撰写项目成果报告，进行项目成果答辩，评价项目成果。

比如，学校即将举办开学典礼，并不是由某一个科室负责，而是整个项目被分成舞蹈组、礼仪组、督台组等若干个项目组，每个项目组有自发牵头人和自选组员，制定项目实施计划，“竞标”成功后，项目团队共同对某一项目全权负责，并在项目完成后接受考评和奖惩。

“实行项目负责制后，学校活动由领导负责变为人人负责，管理者不再疲于奔命。活动目标得到分解，责任得到分担，极大提高了学校活动的质量和效率，教师人人参与，实施过程中教师队伍得到锻炼和成长。”

从“生本课堂”到“自本课堂”

“理想的学校课堂不是一言堂，而是人人是老师，大家相互学习、快乐成长的生命场域。”

多年来的教育实践，让贺宇良深刻认识到，教育必须从成人立场转向学生立场。教育的本质归根结底是学习的本质。教师是为学生服务的，教师的教必然服务于学生的学，而学习最终是自己的事情，没有人可以教会另一个人，除非他真正投入到学习之中。当学习基于“自”、指向“自”的时候，学习便真正成了高度个性化、私人化的事情。

然而，如何引导学生自主学习，一度成为美中遇到的最大难题。

学校曾做了大量学情调查，结果显示：学生文化课成绩普遍较低，底子薄、问题多、学习兴趣淡薄；知识储备不够，分析问题、解决问题能力欠缺；思维灵活，但深度不够，积累欠扎实；内驱动力差，依赖性强；听课心不在焉，精力分散流失，课堂效率低；凭兴趣单一学习，文化与专业发展有差距。

说白了，文化成绩在特长生高考成绩构成中依然非常关键，如何让中考成绩只有二三百分的学生上课不打瞌睡、点燃学生自主学习的热情，成为管理者最犯难的事情。

毫无疑问，传统的课堂灌输式的教学显然并不适合这些孩子。

“于是，我们潜心研究美术生的成长规律，从美术特长生的学情出发，从课堂教学改革入手，寻求教育创新的突破口。”

经过不断的学习与探索，美中最终将课堂教学改革从“生本课堂”的初步探索提升到适合美术特长生发展的“自本课堂”。

“自本课堂”的核心理念定位于让学生各美其美，倡导在对话中学习，让学生自主建构对世界的认知。

“正如华东师范大学教授叶澜所言：‘要从生命的高度、用生态生成的观点看课堂教学。课堂教学应被看作是师生人生中一段重要的生命经历，要把个体精神生命发展的主动权还给学生。’这正是我们‘自本课堂’的追求。”

贺宇良介绍说，对比此前学校的课改实践，“生本课堂”中的“生”，是以群体学生为本，对每一个学情不同、性格各异的鲜活个体关注不够。“自本课堂”中的“自”，则以每一个学生为本，从以教为中心、学为中心转变为教中有学、学中有教的教学关系。

“真正做到了面向全体学生和教学相长。”

这究竟是怎样的一种课堂？概括来说，“自本课堂”可以总结为“2455 模式”。

“2”是“自本课堂”的两种理念：一是让自己教育自己，即从教师为中心向学生为中心转变、从教师教授向学生自学转变；二是自己成为自己，即由关注学生群体转为关注学生个体、由发展学生知识能力向发展思维能力转变。

“4”是“自本课堂”的四种课型，包括预习课、展示课、预习＋展示课、反馈课。

“5”是“自本课堂”的五个环节，即导入、探究、展示、检测和作业。

另一个“5”表示“自本课堂”体现的五阶思维，通过思维激发、思维导引、思维表征、思维迁移、思维内化，充分调动学生的积极性和主动性，使学生的课堂主人地位更加明确。

刚进入美中时，学生宋艺就被学校“自本课堂”的理念深深吸引，被学校充分放手管理学生的做法折服。

对宋艺来说，学习从不是一件枯燥乏味的事情。因为课堂上，她和同学可以自主安排课堂环节，可以尝试独学、对学、群学等多种学习形式，可以担当“小主持人”。学生自主交流、碰撞和展示成为常态，同学们大胆发问，敢于质疑，在充满掌声、笑声和质疑声的课堂上快乐学习。

如今，宋艺已考上清华美院。

在美中，像宋艺一样快乐学习并考上知名大学的学生还有很多。

“‘自本课堂’尊重每一个学生身心发展规律，为美术特长生提供更适合的教育。”

22 年的办学实践，一次次走近理想中的学校。在贺宇良眼中，如今的美中“师生平等沟通、相互欣赏、彼此鼓励、共享成长的乐趣和校园生活的幸福，越来越成为理想中学校的模样，甚至超越了16岁时的想象”。

“人生为一大事来”，在校长办公室的墙上，铸刻着陶行知先生的一句名言。贺宇良常常以此勉励自己，准备将自己的一生都奉献给教育事业。

教育人生来为教育，贺宇良无疑就是这样的人。

（原载《河北教育〔综合版〕》，2019年9月）

附录 C

用“自教育”靠近理想的学校

《中国教育报》记者　周洪松

创办两所当地名校；凝练推广“自教育”理念，构建起学校良好发展生态；发挥辐射引领作用，照亮一方教育热土……

岁月如歌，青春激荡。创业艰辛，初心难忘。

从开始办学到现在，砥砺前行二十五载，保定市美术中学（以下简称“美中”）董事长、校长，北京市八一学校保定分校董事长贺宇良已成为当地家喻户晓的教育名人；艰苦创业的岁月洗礼，让这名保定土生土长的普通青年教师，逐渐成长为让人敬重的校长。

废弃汽车厂上建起一所理想学校

“我的理想就是，给我 30 万元，建一所理想的学校！”年轻气盛，筑梦行舟。16 岁的贺宇良在定兴师范学校的教室里和老师、同学畅谈人生梦想。

啥样的学校才是理想的学校？在尚显稚嫩的贺宇良心里，理想的学校就是有目标、有信念、有理想、有追求的学校，是师生和谐相生、和融共进的“生态园”，是梦想可以恣意飞扬并通过努力得以实现的“能量场”。

世人莫笑少年狂。正是当年贺宇良给自己立下的志向，激励支撑着他走到今天。

1986 年，中师毕业，贺宇良接过校长亲笔书写的周恩来名联“与有肝胆人共事，从无字句处读书”，成为一名光荣的人民教师。但他始终没有忘记曾经的志向，建一所理想的学校。

1995 年，贺宇良自办学校尤其是办美术学校的想法一经提出，就得到了很多支持，也受到不少质疑，特别是当时负责审批的领导也是贺宇良的老师，他们都奉劝贺宇良，“办学不易，捧着安稳的铁饭碗，何必给自己找麻烦!”

但贺宇良主意已定，谁拉都拉不住。

1995 年，保定市青年艺术学校成立，后更名为河北中西艺术设计中专。1997 年，保定市美术中学在此基础上正式成立。

如今，走进美中，校园整洁漂亮、充满艺术气息，教学楼内功能室设施完备，学生眼光中透着阳光与自信，教学楼前“未来的画家、设计大师就在我们中间”的标语十分醒目，一楼大厅“自己创造未来”的校训令人精神为之一振……

遥想当年，天地之别!

创校之初，学校租的是一座废弃的汽车厂，环境脏乱差。更大的困难是学校无经验可循，在全省乃至全国都没有可借鉴的经验。第一年招生，初一 9 名学生，初二 21 名学生，高一 25 名学生。学生基础差，底子薄。

开学一周后，学校聘任的 6 位教师在碰面会上一致用“朽木不可雕也，无可救药”评价学生。贺宇良开始没说话，在老师们说完后，他径直把老师们领到校门口发了火：“我们要都是这想法，咱就校牌砸了!”

就是在这样的艰难境遇中，贺宇良主动登门，说服一批艺术系优秀教师承担教学工作，保定市美术中学逐渐在逆境中发展起来了。

相对于美中，2015 年，北京市八一学校保定分校的创办之路就顺当了很多。

为响应京津冀协同发展的国家战略，助力疏解北京非首都功能，保定市委、市政府，保定国家高新区管委会积极对接北京市八一学校，决定吸纳社会资本，创办北京市八一学校保定分校。

这在河北省开创了政府购买教育服务的先河，在全国开启了政府、名校和社会资本三方合作的办学新模式，成为京津冀教育协同发展的一个标志性项目。

作为学校主要创建人，贺宇良坚持非营利性办学原则，把“不拿一分钱”

写入办学章程。学校总投资约8亿元，从2015年开工建设到开学，用时仅十个半月，当年招生800余人，目前在校生3800人，创造了学校建设和发展史上的奇迹。

以“自教育”构建学校发展良好生态

怎样才能让学生爱上学习？怎样能成为一名好老师？什么样的学校才是一所理想的好学校？十几岁上中师时，贺宇良就经常思考这些问题。

2014年，贺宇良入选教育部第七期全国优秀中学校长高级研究班。那时，他办学以来的点点滴滴浮现于脑际，“自力更生、自勉自立、自发自觉”等词语汇流诸笔端，自教育理念由朦胧变得清晰。

从想法到理论理念，需要一个深度思考与实践的过程。

在贺宇良看来，自教育理论既是美术中学自然生长的教育理论，也是教育教学与管理校本化的表达。

2018年，在教育部校长“国培计划”中小学名校长领航班学习期间，贺宇良经多位导师指导，头脑中的自教育理论逐渐成形。

“自教育是指作为主体的人，自己对自己进行的教育，即自己既当教育的主体又当教育的对象。学校各主体按照社会的需求和自身发展的需要，确立自我发展的目标，发挥主观能动性，调控自身行为，提升自我素质与能力。”在自教育思想指导下，保定市美术中学逐渐凝练出“自然而然，自如其然”的学校文化；构建起“自然自能，多元发展”的自教育课程体系；形成了“自育自觉，自律自主”的自教育课堂；建立了“自治自律，自动运转”的自教育治理模式。

比如，在“自治自律，自动运转”模式下，学校实行扁平化治理，不设副校长，由校长直接领导学校各部门及中心。减少层级，各部门直接对校长负责。减少以前承担上传下达任务的中间管理层，优化组织结构，形成最短的指挥链，提高管理的效率。

在自教育治理实践中，各组织机构及成员并不是孤立的存在，而是处于一个共同的学习型组织中。如今，学校已建立了干部自成长共同体、教师自成长共同体、学生自成长共同体、家长自成长共同体四大成长共同体。

自成长机制凝聚起一支幸福的教师团队。“工作虽不轻松，但让我们时刻感受到工作带来的尊严与幸福。”2014 年研究生毕业到校、三年即成长为学校科研处主任的陈星对此很有发言权。

教师成长自觉自发，学校治理自动运转。如今在美中和八一分校已成现实。

就在前不久，“干部研讨，两校比拼十大核心工作”在会议室上演。美术中学、八一分校的干部和教师利用十个半天，就学校三年发展规划、课程体系、治理体系、德育方案、体育方案等十大核心工作展开比拼。在紧张热烈的气氛中，两校三年内的重要工作目标、实施路径、评价标准等尘埃落定。

携众前行，照亮一方教育热土

“我始终重视拔尖人才培养。”贺宇良从不避自己办学的“精英教育”倾向。

2018 年 9 月，美中专门开设拔尖创新班，这个班在文化建设、课程建设、课堂模式、班级管理、师资配置、教育服务六个方面进行了创新，旨在为学生打开美术世界的大门，种下成为画家、设计大师的种子。

与此同时，八一分校创造性地推出文化课程、科学课程、综合实践课程、艺术课程、体育课程等五大课程体系，从德、智、体、美、劳，特别是实践能力、创新能力等多方面引领学生全面成长。学校还开设以英语教学为特色的蓝思班、荣臻拔尖创新实验班，旨在培养创新人才。

巨建伟，2007 年考入清华大学美术学院绘画系，现为故宫博物院馆员；

周晨荣，2016 年考上中央美术学院；

刘志飞，2017 年被清华大学美术学院录取；

……

近些年来，从保定市美术中学步入高校、开启自己美好人生的学生层出不穷，他们的事迹介绍，摆满了整整一楼道。

自己的学生晋升人生新平台、获得新机遇时，贺宇良自然很欣慰，但他不止于此，他还把这种能量带给贫困地区更多的学生。

2019 年，贺宇良积极响应国家关于教育扶贫的号召，主动选派两批干部赴四川省凉山彝族自治州冕宁县民族中学支教，并针对冕宁县民族中学存在的师资、生源、管理等方面的问题提出整改措施，推行自教育文化体系、治理体系、课程体系、教师成长体系。

众行者远。贺宇良带领团队多次受邀参加国家教育行政学院组织的“十四五”学校发展规划前瞻线上论坛，向教育部定点帮扶的山西、宁夏、河北校长分享学校、年级、班级三年发展规划设计的理念与路径。

贺宇良还担任保定市教育改革与发展研究会的法人、副会长兼秘书长，助力深化教育改革、建设教育强市。该研究会所承办的保定教育大讲堂，为全市教育人接受最前沿、最权威、最全面的教育信息打开了一扇窗。目前已有 20 余位专家来此开讲 36 讲。

“贺校长的办学理念让我们大开眼界，其创业经历和成果令人敬佩。今后，我会学习他的经验，调动学校师生的内生动力，实现自我提高共同发展。”跟岗两天，来自冀东平原最东边的清河县连庄初级中学校长张庆福感触良多。

（原载《中国教育报》，2021 年 2 月）

后　　记

——自教育生成教育变革的力量

行走在自教育研究的道路上，我探索着、反思着，同时也收获着。继《自教育理论与实践》出版后，我的《贺宇良“自教育”文集》也即将付梓，其中收录的文章既有对自教育理论的思考，也有对自教育实践的展示，还有对当下教育变革中存在问题的探讨，主旨唯一，那便是我对自教育的省发，对自教育理想的追求。

1997年，为了让美术生得到系统专业的培养，也为了适应20世纪90年代因社会、经济、文化发展带来的审美需求的急速增长，我在资金短缺、生源薄弱、师资缺乏三重压力下创办了保定市美术中学，这也是河北省唯一一所以美术中学命名的省级示范性高中。从荆棘丛中走来，带着一腔孤勇与热忱，美术中学在美中人自力更生、自强不息的努力与坚持下，从无到有、从小到大、从弱到强，荣获了全国教育系统最高荣誉——“全国教育系统先进集体”，荣获了全国精神文明建设领域的最高荣誉——“全国文明单位”，被清华大学挂牌为“清华大学美术学院生源基地实验学校”。可以说，美术中学的发展史便是我自教育思想的生长史。基于在保定市美术中学和北京市八一学校保定分校的教育实践，我开始对自教育思想进行梳理与总结，并将萌发的“灵思片羽”诉诸笔端，这便有了一篇篇的文章、一步步的成长。

在自教育思想凝练的过程中，我得到了教育部全国优秀中学校长高级研究班、教育部中小学名校长领航工程、河北省教育家型校长培养工程等诸多专家、导师的大力支持与倾心指导。培训期间，国内顶层专家的报告，让我从源头、从全局理解教育的真谛；走出去观摩全国名校，让我感受到名校的先进理念和文化品质，同时激发了我找差距、补短板、求突破，打造全国名校的热情；经验分享，让我领略了兄弟学校的办学特色以及点评专家独到的眼光和鞭辟入里的分析；专题研讨，让我领悟到不同视角下对教育的不同理解，感受到相互借力、合作共赢的重要性；思想交流，让我捕捉思维碰撞出来的灵感。可以说，培训对于我自身的修炼，在实践探索、理论提升等各个方面都发挥了巨大的“催化剂”作用，让我能站在更高处审视自我，审视学校变革的路径。

在这里，谨向引领我前行的北京开放大学褚宏启校长，首都师范大学杨志成副校长，中国教育科学研究院于发友副院长，教育部中小学校长和幼儿园园长培训办公室于维涛副主任，教育部中学校长培训中心代蕊华主任，清华大学长水学习与人类发展研究院李曼丽院长，中央文史研究馆馆员、人大附中名誉校长、人大附中联合总校名誉校长、创新人才教育研究会会长刘彭芝校长等导师表示最诚挚的谢意。

自教育的实践还需拓展，自教育理论的研究仍需延伸，这是对教育变革时代的回应，更是作为教育人的一份责任。以期自教育能够成为推动基础教育变革的重要引擎，为办人民满意的教育贡献力量，为提升基础教育贡献价值。

贺宇良

2021 年 11 月